U0932105

趙崇明 著

# 港式中產
# Hong Kong Middle Class

基道出版社

▼

# 港式中產

作者
趙崇明

責任編輯
梁冠霆、文肖玲

裝幀設計
奇文雲海・設計顧問

攝影
奇文雲海・設計顧問
趙崇明

■

出版 / 發行
基道出版社
香港沙田火炭坳背灣街 26 號富騰工業中心 1011 室
LOGOS PUBLISHERS
Unit 1011, Fo Tan Ind. Centre, 26 Au Pui Wan St., Shatin, Hong Kong
電話：(852) 2687-0331　傳真：(852) 2687-0281
網址：http://www.logos.com.hk

承印
陽光印刷製本廠

●


10/2011 初版　10/2013 二版
Cat. No. LP929-2
ISBN: 978-962-457-427-2

Printed in Hong Kong

| 刷次 | 10 | 9 | 8 | 7 | 6 | 5 | 4 | 3 | 2 | 1 |
|---|---|---|---|---|---|---|---|---|---|---|
| 年份 | 2022 | 2021 | 2020 | 2019 | 2018 | 2017 | 2016 | 2015 | 2014 | 2013 |

我們討論的是香港的中產階級

以經濟條件去界定「中產」，基督徒常說香港教會中產化，也就是從產業和收入角度衡量，潛台詞是中產化以後就容易忽略基層的困乏。

崇明是社工出身的神學工作者，有著扎實的社會科學理論基礎，以此切入處境神學的命題，兼達時代的觸覺與批判精神，他在《時代論壇》撰寫的專欄〈中產部落〉是將中產文化設想為社會的一種救贖力量，相對於過分重視中產的經濟浮沉、社會地位，更能點出了在社會轉型、跨代與階級矛盾下，基督徒知識分子所應持守和珍視的價值。

當代名作家余秋雨擅於用淺白的語言為艱深的思考下定義，他說：「文化，是一種精神價值與生活方式，它通過積累和引導，創建集體人格。」從崇明探討中產救贖的過程中，隱然也透煥出閃爍的文化亮光，滲透基督徒對救贖的觀念，加強社會科學之外所建構的信仰觀，令觸及的話題變得有血有肉；在價值顛覆的世界中，亂中尋序。

「布波族」是崇明探討中產文化的骨架，透過生活的體驗與信仰的反思，令冰冷的時代詞彙變成活現的人格。當社會價值幾被金融資產侵蝕殆盡，正義與善良難以發揮制裁力量的時候，中產仍然是抗衡單一價值的力量。

現代經濟的數據與指標，只能解釋一個國家或城市的經濟成果，卻無法量度出文化價值與集體人格。中產擁有流動的可能性與塑造力，無疑是改變社會「數字」主導的力量，崇明在文章中蘊涵深沉的思考，認真的辯析，理論的印證，我感受到一種「我仍是我」的生命脈動。

讓中產成為社會救贖的力量，是今日教會的時代十架。

**李錦洪**

**《時代論壇》社長**

# 前言——中產獨大的迷思

現今的香港教會，偏愛吸納中產人士，教會基本上由中產階層構成，試問有誰能否認香港教會中產化？

固然，我們不能說中產不愛基層，但基層人士要踏入中產教會的門檻，甚至想融入中產階層的生活文化，又談何容易！

歸根究柢，這也許跟中產文化在社會上的強勢主導有關。眾所周知，中產的價值觀，已經成為香港社會的核心價值。就算基層人士跟中產文化格格不入，但在他們的心底裏面，豈不是同樣毫無保留地認同中產的價值觀麼？豈不是同樣嚮往中產的生活，渴望有朝一日可以成為中產麼？中產價值，已是香港社會傳頌的神話，甚至亦已成為香港教會揮之不去的迷思。

教會中產化，意味著中產的生活文化、風格、價值觀和思維方式，可能已深深地影響或主導著教會的信仰文化，塑造著香港不少教會成為擁有中產風格和特色的基督教教會，甚至可能已經逐步成為香港教會的核心價值。

然而，誰是中產？甚麼是中產文化？甚麼是中產風格？中產有何思維方式？中產又有甚麼核心價值？再講，中產化的香港教會，究竟相信的是甚麼福音？實踐的是甚麼信仰？面對未來，香港教會究竟要繼續中產化？抑或去中產化？抑或使中產化的教會基督化？我們當如何思量？

要剖析現在，展望將來，不得不從歷史説起。本來香港只是一個貧窮的漁港，戰後湧入大批國內移民，形成香港的第一代人，當時大多數人仍然生活於貧困之中。那麼，香港的中產階級究竟何時出現？根據呂大樂及王志錚在《香港中產階級處境觀察》的分析，香港中產階級的出現，應該是在七十年代中後期的事，那時正是香港經濟開始步入黃金年代，不少本來只是低下階層背景的人，都能夠通過經濟發展所帶來的社會結構性向上流動的機會，晉身中產。故此，第一代中產階級的冒起，基本上跟戰後香港社會經濟高速發展息息相關，他們可説是親身經歷、見證及有分促成香港經濟成功發展的一代，也就是呂大樂在《四代香港人》所提到的「戰後嬰兒潮」（即1946至1965年出生）的第二代人了。

一直以來，港式中產的核心價值相對比較單一性，只有某兩、三種價值（例如中環價值）獨大。然而，今日的中產，除了第二代之外，當然也包括呂大樂所提到的第三代和第四代了。在偌大的中產部落社羣裏面，已經居住了多元文化的不同族羣。當我們還在談論布波族（BoBo）如何成為中產部落裏面新興的社會精英族羣的時候，原來已有多個族羣在中、港、台三地陸續現身和趕緊登場。計有飛特族（Freeter）、尼特族（NEET）、御宅族（Otaku）、丁克族（DINK）、辣奢族（Luxury）、月光族、草莓族、窮忙族、99族等。故此，香港的中產階級，已經不再只是由單一文化形態、風格和價值觀構成的部落。面對各式各樣新興中產族羣的冒起，真的令人有點眼花撩亂的感覺。由「戰後嬰兒潮」的第一代中產階級，到今天的不同中產族羣，展示了中產階層的多元面譜。因此，中產價值理應不再是鐵板一塊、單調乏味、惟我獨尊；而是不斷自我批判，更新變化，以謙遜的態度向未來全然開放。

感謝三一上帝創造了這個多元的世界，多元性（plurality）跟多元主義（pluralism）不同，固然多元性也有可能帶來混亂和複雜，但同時亦可以讓我們在其中經歷生命的豐盛變化和多采多姿。

感謝《時代論壇》的總編輯羅民威先生，提議我在二○一○年開設一個專欄，專寫一些關於布波族和中產文化的文章，於是專欄就以「中產部落」為名，一寫就整整一年。雖然每星期都要趕在死線前交稿，但由於「教會中產化」一直是我關心的課題，因此愈寫愈起勁。現在將這些文稿稍經修改，並增補一些文章，一同結集而成這本文集，盼望能拋磚引玉，引發更多人對這課題的關注和討論。感謝基道出版社願意出版此書，亦衷心多謝梁冠霆博士及其他同工在編輯等工作上所作的貢獻。特別要感謝的，還有在百忙中願意抽空為拙作寫序的李錦洪社長，以及寫推介文的鄒崇銘先生和劉倩怡小姐。在寫作專欄期間，亦曾拜讀鄒兄的《香港的鬱悶——新生代 vs 嬰兒潮世代》一書，獲益良多。最後，更願意將這本微不足道的小書，獻給愛我的三一上帝。

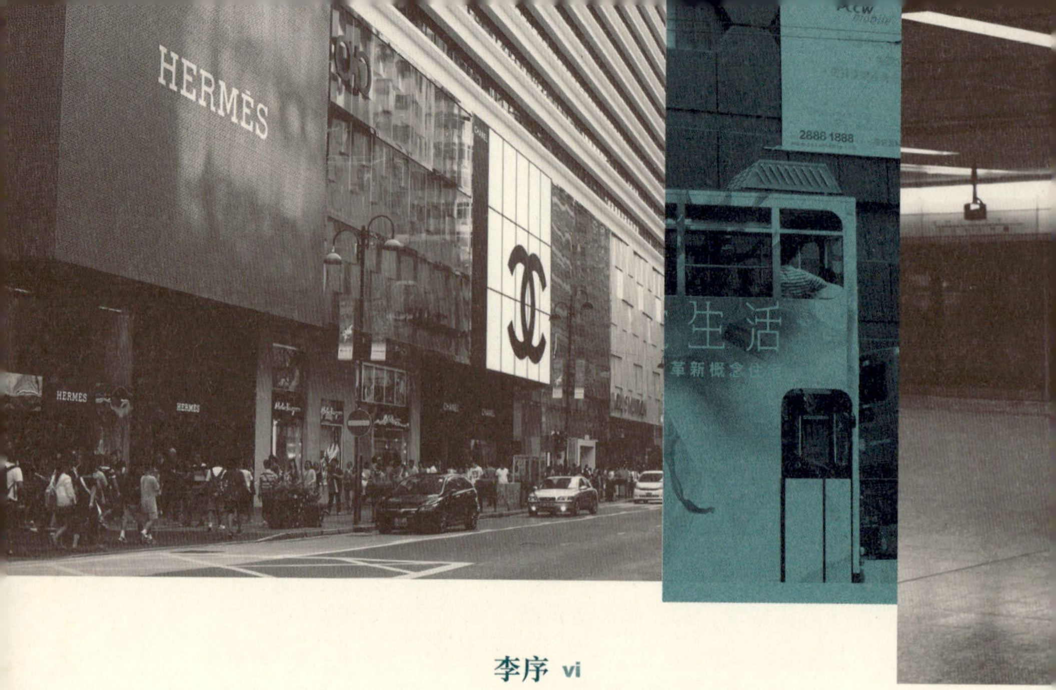




目 錄
*Contents*

## I. 港式中產迷思

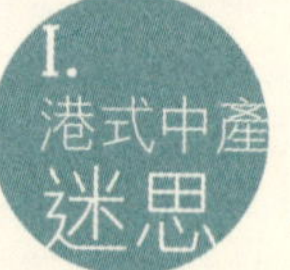

### 迷思一：命名



### 迷思二：性向

## 迷思三：備戰



## 迷思四：大業



## 迷思五：廢品

目錄

*Contents*

## II. 中產部族迷思

## 迷思一：知情．識趣



## 迷思二：健活．肉身



## 迷思三：唯美．格調

Century 21
世紀
21
中華
物業
世紀21中華物業
世紀 21
中華物業
Century 21

# 第一部
# 港式中產迷思
HongKong
MiddleClass

迷思一
命名

# 誰是中產？

過往關於中產階級（middle class）的社會學研究著實不少，不過單就如何界定中產，卻是一個富爭論性的議題，尤其當我們討論的是香港的中產階級時，一般所指的又是哪一階層的人？

以馬克思主義的階級理論而言，資本主義社會基本上分為資產階級（bourgeoisie；或稱布爾喬亞）和無產階級（proletariat；亦稱為普羅階級）。在資本主義社會私有制之下，只有前者擁有生產工具，後者為了維持生計，就只好替資產階級工作，以勞動力換取生活所需。而資產階級則不斷透過生產過程中對勞工的剝削，以增加剩餘價值來獲利。故此，資產階級與無產階級的生產關係必然具有剝削與對立的屬性。

在資產階級內又可再細分為上層資產階級（high bourgeoisie），即企業家或資本家；以及小資產階級，或稱「小布爾喬亞」（petite bourgeoisie）。有人會將「小布爾喬亞」算為中產階級，指的是一班有別於大資本家的「自雇者」或「小老闆」。他們以小筆資金創業，可能是開涼茶鋪、士多、茶餐廳、雜貨鋪、時裝店的自雇者，也可能是一些雇用少許員工的「中小企」老闆。不過亦由於「小布爾喬亞」涵蓋的範圍較大，自雇者或小老闆的教育水平也不一定很高，甚至他們的收入可能也很微薄，因此，亦有不少研究社會階層的學者，不會將他們界定為中產。

在一般人的心目中，中產是介乎資產階級和無產階級之間的中間階層，有中等入息，在香港被稱為「夾心階層」。意即，他們既不如資產階級般擁有豐厚財富和資產，又不像低收入基層人士般能享受社會福利保障，卻又要負擔較高的稅項開支。

不過，以收入來為中產下定義其實並非太有用的做法，社會學教授呂大樂認為，不少社會階級的理論，是將職業和工作性質視為界定中產的理想指標。所謂中產階級，就是一羣在現代資本主義社會裏，具有較高學歷而擔任行政管理及專業工作的雇員，也包括一班擁有文化資本的知識分子、藝術工作者和從事創意產業的文化人。有些學者為了將他們跟稱為「小布爾喬亞」舊中產階級區別出來，於是將這班現代社會的行政管理及專業人員稱為「新中產階級」。

根據楊奇和唐鳴的研究，隨著九十年代香港逐漸成為知識型經

濟社會，於是「智力階級」成為香港社會內一個新興的中產階層。他們界定「智力階級」為一羣具有大專以上學歷或者取得專業知識技術，兼有社會正義感的知識分子，主要從事腦力勞動和知識創新的工作。因此，「智力階級」跟「知識經濟」的出現息息相關。

其實，沒有一成不變的中產階級定義，社會階級的結構乃是隨著社會文化和經濟發展的變化而轉變，而且不同的階級理論往往亦反過來主導著人們去為社會階級作出不同的分類和定義。只不過在這一切的變化中，社會分層（social stratification）本身卻似乎是恆久不變的事實，而社會分層正是見證著差異和不平等，原來是現實人類社會的本相。

# 階級流動

傳統封建社會強調分層的階級觀念，而且社會地位是天生世襲的，一旦生下來是貴族階層，就會一生也無法棄掉貴族的身分；同樣，一生下來是奴隸，就會一生為奴，命運生成，任由個人後天如何努力也無法逆轉，最終只能認命。

然而，主張公平自由競爭的現代資本主義社會，卻一心要顛覆封建社會強調世襲特權的階級觀念，轉為鼓吹依靠個人的努力成就，足可以改變自己所屬的社會階層，即由個人努力賺取的成就來決定自己的社會地位。

資本主義社會的階級流動性和開放性，無疑為人製造更多自主的機會和平等的空間。然而，社會既然締造了向上流動的機會，自然同時就有向下流動的危機。而且社會地位得來不易，便要設法保住既得的利益，這種社會流動過程中患得患失的不確定性，便加劇了身分的危機感和地位的焦慮感（status anxiety）。

階級觀念從來就是構成自我身分認同或身分危機的決定性因素。因為一切來自功名財富、地位權勢、能力才幹這類高人一等的成就感覺，都不是自足地單獨決定的，我們必然會找一個跟自己社會地位近似的參考羣組，也

华润万家
vanguard
便利超
PERMOGLAZE 巴馬漆油
Dulux 調色中心
Colour Solution Centre
KIKUSUI
Supreme
友暉漆油顏料
YAU FAI PAINT AND DYE LTD.
2575 3700
2575 5498
德元堂藥行
Salon

就是一羣跟自己背景相似，屬於同一階級的人，在互相比較的情況下所生的一種心理感受。一般來說，學生不會拿自己的能力和學識跟老師相比，卻會由於跟同學比較而有自卑和猜忌的心理。中產父母通常亦不會將自己的子女跟基層父母的子女互相比較，卻會在中產家庭之間比拼誰的子女能入讀某間名校。同樣，我們也不會將自己的收入、地位、事業上的成就、所住的房子跟富商李嘉誠比較，卻會由於跟同輩、同學、同事互相比較而有嫉妒和憂慮的情緒。

由此可見，「近似性」（similarity）是構成社會階級很重要的元素。屬於同一社會階層的人，除了收入接近之外，更重要的是他們有近似的價值觀、生活態度和生活方式。而往往又會以此來互相參考、比較和互相影響，甚至彼此制約。正如哲學家休謨（David Hume）在《人性論》（*A Treatise of Human Nature*）一書寫道：「造成嫉妒的原因，不是我們與別人之間的巨大差異，而恰恰相反地，是兩者之間的近似。」

故此，資本主義社會那種由平等開放的階級意識主導下的競爭比較，反而較封建社會不平等和封閉的階級觀念所導致的認命和安於現狀，可能要背負更大的心理負擔和壓力，固然這也是所謂文明社會追求進步所要付上的代價。

**當開放社會的價值好像從來沒有受到質疑的時候，其實不妨反問：開放社會擁有的階級流動性，一定優勝過傳統階級社會的穩定性嗎？**一個具有較高社會流動性的開放社會，是否一定比起傳統低流動性的階級社會更能體現社會的平等和公義麼？開放一定好過保守嗎？平等一定勝於差異嗎？成就一定比失敗更可取嗎？權勢能力一定比卑微脆弱更令人欽羨嗎？自主必然好過順服嗎？進取必然優於被動嗎？競爭一定勝過退讓嗎？只有自由值得歌頌而認命必然應受詛咒嗎？

NO Booking
Saturday
Sunday
&
Public Holiday
until 6pm

# 上流社會

香港在戰後很短時間內，便由轉口港轉型為主力發展製造業的城市，由於製造業需要大量勞動力及不同的人才，再配合經濟迅速發展底下，於是帶動整個社會在職業結構上出現明顯的變化，亦由此製造了不少社會向上流動的機會，第一代中產階級便在七、八十年代香港的上流（向上流動）社會裏冒出頭來。

不要忘記，五、六十年代的香港仍處於貧窮階段，大多數七、八十年代冒起的中產，都是在物質匱乏的生活中度過其童年時代，相信他們不會忘記昔日一家人住在環境惡劣的木屋區、徙置區或擠在幾十呎的唐樓板間房內的艱難歲月，也不會忘掉童年時在家中穿塑膠花做外發工幫補家計的日子。

因此，當一個處處充滿機遇、人人有機會往上爬的公平開放的社會經濟體系臨到的時候，大家都知道更要珍惜這千載難逢的機遇，不可光坐著「等運到」，要努力爭取每一個機會，以改寫自己的命運。於是人人發奮讀書，拼命工作，努力沿著社會階梯往上爬。「握我手，來為我解苦困，用你的真心愛，幫我學火裏鳳凰，衝破厄運。今生，共你一起抗拒命運，陪著你一生奮鬥，偏不許造物弄人。」甄妮這首《命運》的歌詞，反映了上述努力進取的中產資本主義意識形態，同樣也體現了第一代中產到今日仍不時懷緬的《獅子山下》精神：「攜手踏平崎嶇，我哋大家，用艱辛努力寫下

那不朽香江名句。」

在上流社會處處充滿機會的環境底下，固然一方面造就了強調個人努力、奮鬥、抗拒命運及積極進取的中產核心價值；但另一方面，畢竟香港的經濟成就也是一個充滿意外的奇迹。正如學歷只有小學程度的李嘉誠能白手興家，實在也是一個神話，除了他的個人努力之外，無可否認也要靠點天時地利的彩數。

所以香港人心裏明白，一方面既要努力讀書考試升學，但同時又深信「一命二運三風水，四積陰德五讀書」的道理。事實上，香港人既努力工作，同時又愛買六合彩賭波賭馬炒樓炒股票，終日造夢盼望一朝發達。許冠傑《鬼馬雙星》的歌詞：「人生如賭博，贏輸都冇時定，贏咗得餐笑，輸光唔駛興。」多少反映出香港人那種訴諸命運、相信彩數的賭博精神；事實上，賭徒豈不就是典型的機會主義者麼？而香港在金融投資上的經濟成就，亦多少拜這種賭徒式機會主義精神所賜。由此可見，香港七、八十年代這個曾經充滿機遇的開放社會，塑造了一班既努力踏實又有賭徒性格的中產一族。

不少中產信徒可能也不例外，當他們同樣既相信靠自己能力可以解決問題、成就大事，且又同樣「走精面、賭運氣」的時候，卻依然說：「不是倚靠勢力，不是倚靠才能，乃是倚靠上帝的靈方能成事。」（亞四6）豈不只是言不由衷的大話！

# 下流社會

三浦展的暢銷書《下流社會：一個新社會階層的出現》，分析日本自從上世紀九十年代泡沫經濟爆破之後，不但大量中產人士的社會地位向下流動，而且年輕一代也陸續加入「下流」的行列，日本變成一個中產階層逐漸消失的「下流社會」，也就是大前研一提到的「貧富兩極化，中產向下流」的「M型社會」。

根據三浦展的定義，「下流」不僅指收入的減少，也包括工作能力、工作熱誠、生活能力、消費意欲、人際溝通能力、學習動機等都有向下流動的迹象。換言之，「下流人士」缺乏一種拼搏往上爬及努力累積財富的野心和動力，以致令他們只能置身於中下階層而已。

九七前香港樓市瘋狂上升，出現泡沫經濟的現象。自從金融風暴之後，香港經濟發展似乎有走下坡的趨勢，中產人士經歷了負資產的重創，元氣大傷，甚至要加入失業大軍的行列。而且根據二〇一〇年政府統計處的數字顯示，「八十後」年青人入息中位數下跌。以二十至二十四歲的年青人為例，他們就算有學歷，但入息中位數卻由一九九七年的八千二百元跌至二〇〇八年的七千五百元，而且年青人的失業率亦算高，貧富懸殊問題又持續嚴重。於是，有不少人擔心，香港會否像日本一樣出現「下流社會」和「M型社會」的現象？

尤其是經歷過香港七、八十年代「上流社會」黃金歲月的中產人士，他們也許對「下流社會」的出現顯得有點悲觀和憂慮，於是不少人可能會表現出兩種態度：或是否認，或是想辦法預防和避免。

然而，我們不妨反問，為何總是覺得「下流社會」必然差於「上流社會」？我們對「下流社會」的抗拒，是否反映了我們只是戴著有色眼鏡來看問題？為何我們總是喜歡用七、八十年代「上流社會」的意識形態和價值觀作為衡量「下流社會」好壞的標準呢？

其實三浦展在接受《讀賣新聞》記者的訪問時也提過，不宜對「下流社會」的好壞作過度簡單的價值判斷。事實上，他在書裏也只是盡量客觀地引用大量的調查資料和數據，來剖析和比較上、下流社會之間在消費文化、生活模式、人際關係、性格和價值觀各方面的差異而已，而並非有心要為「下流社會」貼上負面的標籤。

在三浦展的描述裏，日本「下流階層」的人，無疑工作愈來愈不穩定和收入下降，不過他們在物質生活上其實未必真的很匱乏，他們同樣沉迷「ACG」（即動漫電玩），同樣追求「3P」（即PC、Pager 及 PlayStation），同樣投入各類消費的生活。

只是，日本「下流人士」一般擁有以下一些特徵：較內向或自我封閉、不善溝通和交際、喜歡獨處、追求自己的個性和自我主張、我行我素、重視自我實現、較喜歡獨身或遲婚、喜歡較自由的工作、喜歡輕鬆悠閒的生活、樸素、不顯眼、顛覆傳統、不熱中於追求時尚、不拒絕大眾化的飲食文化等。如此說來，「下流人士」的特徵和價值觀必然較「上流人士」差嗎？

# 老香港的黑白照

舊日生活中的尋常事物，喚起不少戰後嬰兒潮那一代人的集體回憶。

六七暴動、啟德機場、雍雅山房、荔園大象、呂奇、陳寶珠、張圓圓、許冠傑、歡樂今宵、雙星報喜、狂潮、上海灘、颱風溫黛、紅白藍膠袋、公雞碗、飛機欖、砵仔糕……

至於嬰兒潮那代人的中產階級，經歷了金融風暴和負資產的慘痛經歷之後，可能更愛回想昔日香港經濟奇迹的故事。

由漁港、轉口港、製造業（塑膠、製衣、紡織、電子、假髮）、山寨廠、積極不干預政策、工廠北移、金融投資（炒樓、炒股票）、魚翅撈飯、亞洲四小龍……到國際金融中心，自然都成為他們集體回憶的主要素材。

這一代人懷舊的內容，似乎都離不開傳統港式的飲食文化、日常生活用品、港式大眾文化和經濟發展的奇迹。正是這些香港記憶，構成這一代香港人的本土意識和身分認同。

老的、舊的就是好的。老家具、老相機、老照片、老房子、舊街燈、舊電影、舊金曲……對「老」與「舊」的懷念也是美的。

在變幻的新時代，在無情消逝的歲月中，這一代人可能由於不想面對歲月催人老的現實；也可能懷著今非昔比的感慨，畢竟七、八十年代的黃金歲月是他們開創的；又或想藉著重尋舊日的足迹，在緬懷獅子山下的精神中發出一代不如一代的慨歎。於是他們集體地發思古之幽情，也許是戰後嬰兒潮共有的情感習作。

懷舊，是影像消費社會一種新興的潮流，是將香港社會舊日的人情事物，透過美學化的古老與殘舊的影像再現眼前。重新製造香港的故事，不但讓邁向暮年的戰後嬰兒作心理補償式的集體回憶，也可滿足年青人所嚮往的獵奇式感性消費。不過，感性消費的懷舊影像，跟真實歷史中有血有肉的生活始終是兩回事，因為它最多只是經過美化包裝、粉飾再造而富有浪漫情懷的香港傳奇而已。

於是，香港人一面繼續懷舊，同時卻持續地缺乏歷史意識，並跟歷史傳統斷裂，而生命亦由於欠缺歷史時間深度的孕育而繼續浮淺。

懷舊，並非只留戀過去，也不應只滿足於包裝舊日的傳奇，亦不是簡單地複製歷史。懷舊，必然是回憶者選擇性地對歷史片段在相認的過程中進行詮釋，而集體懷舊，便是整個詮釋羣體透過集體回憶，從而建構出他們在當下共同需要的集體意識或核心價值，當然可能也代表了他們對未來的集體想像。固然，在每次當下的回憶中，更應該要意識到必須包含對歷史的反省和批判。故此，懷舊必然從當下出發，既與歷史相認，又將歷史引到當下，甚至導向未來。亦惟有這樣，才能兑現如班雅明（Walter Benjamin）所說：「回憶是在一件曾發生的事情當中無限次穿插飛舞的能力。」

回憶，在基督信仰中更是不可或缺。聖經再三提醒我們，不要忘記上帝在歷史中的作為；每次聖餐，就是讓信徒在當下的回憶中經歷三一上帝的臨在。惟有透過當下的回憶，使我們重新注目於時間，意識到生命既在時間中發展延續，同時亦在時間中消逝衰亡。雖然一切都是虛空，都是捕風，但傳道者說：「上帝造萬物，各按其時成為美好，又將永生安置在世人心裏。」（傳三11）

SHOP

迷思二
性向

# 嬰兒潮與「八十後」的世代戰

「八十後」新世代近年成為傳媒的焦點和城中熱門話題。在民主政制、文化保育等議題上，他們跟由嬰兒潮中產組成的政府官員、建制人士、工商專業對著幹，揭起了一場城市文化的游擊戰。

可惜的是，嬰兒潮一代對八十後這一代人的論述，仍然停留在很保守的階段，仍然喜歡以自己一代的價值觀來看八十後的年青族羣，於是離不開以「隱閉」、「貪玩」、「放縱」、「沉溺」、「反叛」、「混亂」、「幼稚」、「意志薄弱」、「無上進心」、「好逸惡勞」等話語來概括年輕新世代的特徵（其實是「問題」），正因如此偏向地以「問題」的話語來論述他們，嬰兒潮對八十後青年的論述，便容易被簡化為「問題青年」的論述。

故此，只看見社會上出現了一連串有待解決的「青年問題」——雙失的問題、電車男的問題、港女的問題、援交的問題、濫藥的問題……彷彿「問題」只發生在年青一代的身上。就連八十後新世代出來參與社會運動都被看為「有問題」，仍難逃被扣上「問題青年」的帽子，今回他們的「問題」卻是：太激進、太混亂、太反建制、太反權威、太過阻礙社會經濟的發展。

不是說八十後的青年沒有問題，只是說如果嬰兒潮仍然自以為是，仍然堅持自己那一套是硬道理，可能才是問題癥結之所在。正因如此，世代之間便更難互相了解，嬰兒潮與八十後便很難相安無事。正如呂大樂所言：「世代之爭即將爆發。」其實，自從保衛喜帖街、天星碼頭、皇后碼頭，以至於保衛菜園村、反高鐵等一連串由八十後擔大旗的新社會運動出現之後，表明嬰兒潮與八十後的世代戰已經展開。

這可算是一場八十後新世代抗衡嬰兒潮一代中產的意識形態之戰——八十後懷著理想夢想去抗議嬰兒潮的務實主義；八十後以投身於政治的熱情來嘲諷嬰兒潮的政治冷感；八十後以承擔社會責任來反對嬰兒潮利己的個人主義；八十後以重振本土意識來批判嬰兒潮的過度融入一國；八十後以文化保育來抗衡嬰兒潮的純經濟發展主義；八十後以保育土地、保衛家園來反抗嬰兒潮啟動的城市推土機；八十後以多元創意的社會行動來影射嬰兒潮僵化的政治體制；八十後以基進和激情來揶揄嬰兒潮工具理性的功利和冷漠；八十後以即興和失序來顛覆嬰兒潮過度崇拜計劃和秩序；八十後以開拓公共空間的民主自由來抵禦嬰兒潮的惟我獨尊和對建制權威的依附。這場文化世代戰，的確已經將社會內的深層次矛盾暴露出來。

誠然，如果將「八十後」簡單概括為代表只講求理想的「後物質文化」的新世代思維，可能同樣犯了將事情簡化和以偏概全的毛病。

在仍受嬰兒潮那一代中產階層所主導的香港教會裏，也許會承認在傳講救人靈魂上天堂的福音之餘，亦需要關懷社會，於是教會應該關注的也就是青年雙失的問題、援交的問題、濫藥的問題。至於關乎天星、皇后、西九、菜園村、高鐵等社會運動，又與福音何干？與我何干？不過可能更重要的是，它們與我的中產價值觀（而不是信仰上的價值觀）有何相干？

# 政治冷感

在傳媒鋪天蓋地的報導下，由一班「八十後」年青人所推動的保衛菜園村和反高鐵的「新社會運動」，以及由兩個政黨策動的爭取政制民主化的「五區公投」，曾經成為二〇一〇年香港城中的熱門話題。

然而，在我們的印象裏，這類跟政治文化有關的議題，尤其是一些較激進的批評政府或挑戰現存建制的社會運動，教會卻保持中立或甚至抽離的態度，政治猶如性愛一樣，一直成為教會的禁忌。

主流意見都擔心教會一旦介入政治，則隨時會導致教會分裂和違反「政教分離」的原則。平心而論，教會的擔心並非毫無道理，教會在參與一些較具爭議性的社會運動時確實要小心處理。不過，最核心的問題仍是：聖經是否反對信徒作任何形式的政治參與？「政教分離」是否等於教會完全不應涉及政治？現實上教會非政治化是否可能？說到底，教會應該要思想的，乃是它要建構一套怎樣的政治神學。

其實，不僅教會不關心政治，一般香港人（尤其是中產階層）同樣是政治冷感，而香港教會主要由中產組成，因此，中產信徒對政治漠不關心，除了有其神學及歷史傳統的原因，其實也有社會文化的因素。

香港能夠成為一個公平競爭和自由開放的國際金融中心，固然跟政府致力建立及鞏固現存那個受法治保障的自由經濟體系有關。事實上，在強勢資本主義和個體主義主導的社會裏，除了要求政府透過法律保障個人的經濟成果和利益之外，同時亦要求保障個體生活上諸如創作、言論、旅遊、資訊流通、選擇職業、宗教等各種自由。自由和法治，無疑被視為香港賴以成功的基石。

然而，對一些在經濟上的既得利益者來説，自由法治跟民主人權可以是兩回事，前者是經濟發展的必要條件，後者卻可能是經濟發展的阻力。在「中環價值」獨大的現實情況底下，為了保證香港經濟發展順利進行，便要求社會必須保持和諧穩定的局面。因此，政制民主化最多只可以緩慢地循序漸進，至於較為急進、激烈、抗爭式的政治改革和社會行動，都由於擔心會破壞香港的社會穩定和經濟繁榮而不受歡迎。

對一向具有務實作風，以及個人主義色彩較重的中產階級來説，也許同樣會認為自由法治比民主人權更重要，他們在政治改革

的課題上，同樣屬於「沉默的大多數」。背後原因其實也不難理解，當他們憑著個人的努力而確保其在經濟及社會的地位之後，便變成為社會上的既得利益者，為了維護自己的既得利益，自然不希望社會因政治因素而出現不穩定，而最終帶來經濟上的衝擊。故此，除非威脅到自身的利益，否則不會隨便直接介入任何激進的社會政治運動。因此，他們就算追求民主人權，可能也比較多從個人自身的利益出發去考慮。

當中產階級繼續只講經濟、不談政治的時候，其實中產信徒就更不應該政治冷感。因為耶穌所宣告天國的福音和天國的倫理本身正具有政治和社會的向度，當耶穌用「國度」這個指向人間政治實體的比喻的時候，恰好要説明以彌賽亞為王的天國已開始降臨人間，要批判和更新這個被罪扭曲了的不公義的人間國度。

我
洲

# 信仰獨腳戲

香港基督徒的信仰其實具有濃厚的個人主義（individualism）傾向。我們所傳的福音很個人化，強調的只是保羅式個體化的原罪觀：「這就如罪是從一人入了世界……若因一人的過犯，死就因這一人作了王。」（羅五12、17）而廣受歡迎的「三福」佈道法，亦將人的罪性約化為可被量化的個人罪行，關心的只是個體靈魂的滅亡，於是我們強調的便只是「耶穌拯救個人靈魂上天堂」的福音，卻忽視聖經中（如先知書）同樣強調社會集體結構性的罪觀，以及整體世界在基督裏面同歸於一的復和神學（參弗一10）。同樣，我們的屬靈觀亦有個體化的傾向，一般只重視個人讀經、默想、禁食、祈禱等屬靈操練，卻忽略了像拉丁美洲解放靈修神學那種社會性的向度。

如此，信仰便變得個體化和私有化，關心的只是宗教如何滿足個人肉體和心靈的需要，只會為個人生活上有關的事情祈禱和感恩，重視的只是個人的私德和個體生命終局的問題。

然而，導致香港基督徒信仰的個體化傾向，也許並非純粹只是上述的神學理由，可能也有文化的因素。由於香港教會主要由中產信徒組成，因此，中產文化本身所高舉的個人主義，可能也有強化上述情況的作用。

香港第一代人大多數是從國內逃難來港的移民，他們同時在

戰亂的歲月中成長，再加上五、六十年代的香港仍處物質匱乏的年代；因此，個體生命上的掙扎求存和安穩，便成為日常生活最重要的目標。而這一代身為父母的，更容易將這種人生觀套在戰後嬰兒潮一代身上，期望子女能透過教育的機會改寫自己的命運，於是當時一般人普遍認為，讀書的目的是為了自己將來的前途和生活，而非為了貢獻社會。適逢各種政治及經濟的因素，使香港成為一個公平開放、自由競爭的社會，人人只要肯發奮用功，就可以憑著個人努力沿著社會階梯往上爬。事實上，在九七之前，靠個人努力而取得事業上的成就和經濟上的利益，是不少香港中產的親身體驗。當年匯豐銀行的其中一個廣告裏就有這樣的對白：「香港地，搵唔搵到食，都係睇自己。」可謂反映了香港人自食其力的拼搏精神，亦同時道盡了高舉個人主義的性格。

資本主義的成功，事實上乃是建基於利己的個人主義這種前設之上。在一個強調自由競爭、適者生存的資本主義社會裏，香港的中產人士非常明白，凡事只可以靠自己的能力去解決問題和爭取成果。在一個爾虞我詐、欠缺信任的商業社會裏，惟有信自己才是最可靠。中產信徒亦不例外，也是同樣地內化了這種較關心自己利益，不問世事，強調個人努力的個人主義意識形態。

然而，人並非僅是一個個體，我們乃是按著三一上帝的形象被造，父、子、靈每一位固然各自是獨特的位格（person），但祂們同時是合一共融的關係性存有（relational being）。所以真正的人性，必須具有像三一上帝跟他者建立共融關係的一面。如此，我們的信仰就不能只有個體性（individuality）而缺乏社羣性（sociality）了。

# 只問成就

明愛機構委託理工大學於二〇〇九年至二〇一〇年期間所做的有關中產階層的調查，指出不少中產人士均對前路感到迷惘，逾七成受訪者更對下一代能否維持中產地位顯得悲觀。然而，為何保持中產地位顯得如此重要？也許對不少人來說，能夠擁有中產的身分地位，就是成功的指標。

在不少香港人心目中，一個人的社會地位乃取決於他的經濟狀況。事實上，我們的社會，總喜歡以某人的入息數字及其擁有的財富總值，當然包括具體可見的物業資產，作為代表中產地位的符號，有錢人就是成功人士的身分象徵，財富乃是衡量個人成就的重要指標。

努力工作自然就是賺取財富的重要途徑，難怪中產人士會將事業和工作放在人生首位，只要事業有成，就等於擁有了成功的人生，一生工作的業績，成為個人成就的指標，為工作的成就而生，亦為事業的成就而死。如此工作至上的人生，自然亦承受了不少來自工作有形和無形的壓力。故此，不難理解為何上述的調查結果，反映了普遍的中產受訪者認為工作是最大的壓力來源。

在充滿競爭的工作環境和職場世界裏，看重的必然是有多少的生產力。因此，若要事業有成，要成功地爭取到業績，就自然要講能力和表現。最好還加上一點「蠱惑」和「醒目」，懂得「走精面」，便有機會水到渠成，甚至為求成功，可以不擇手段。故此，在這個汰弱留強的森林律則支配底下，社會上的成功寶座，只會留給有能者居之。

要成功，除了講能力之外，當然還要講學歷，高學歷幾乎是事業成功的先決條件，彷彿一旦不能進入大學門檻，此生就好像注定跟成功無緣，於是能進入名校，能升讀大學，就是成功學生的典範。不過，現今的香港社會，整體人口的學歷水平升高，令高學歷不再必然成為中產的競爭優勢，加上政府引入外地專才的優才計劃，要成功就只好終生學習，不斷爭取更高的學歷來加強自己競爭的能力。

一直以來，也許不少中產人士，正是以上述這種單一的成功指標來界定人生的意義。至於我們的中產信徒，可能也是如此地按照社會大眾所建構的成功指標來經營人生，甚至以這些指標來建構我們的成功神學，來經營和擴展我們心目中所謂「成功」的香港教會。

於是，我們逐漸以出席聚會的人數、建築物的大小、活動事工的數目、金錢奉獻的數字、設備的質素來衡量教會增長的成績；人才濟濟、財雄勢大、資源豐富、優質服務的大型教會，在「宗教消費市場」上自然擁有更大的吸引力；教會文化也愈來愈重視品牌，

查詢港鐵服務
請致電港鐵熱
2881 8888

信徒只會一窩蜂追捧名嘴講員；若要成為信徒心目中成功的傳道人，學位、能力、業績、社交技巧可能比品格、靈性和事奉心態更重要；教會內高學歷、具有社會地位的專業人士，往往比基層人士似乎更受尊敬和重用。總之，榮耀神學比十架神學、成功神學比軟弱神學在教會內更大派用場。

據聞，亞歷山大大帝途經哥林多（Corinth）時，特意拜訪哲學家戴奧真尼斯（Diogenes），卻發現他衣衫襤褸，身無財物。當時傲視全世界的亞歷山大大帝問戴奧真尼斯：「有甚麼可以幫助你？」這位哲學家卻回答說：「可以的，請你往旁邊移過一點，因你擋住了陽光。」周圍的士兵都捏了一把冷汗，只怕性情暴躁的亞歷山大大帝會立刻發脾氣。然而，亞歷山大只微微一笑，表示自己如果不是亞歷山人，便希望能夠成為戴奧真尼斯。

當門徒以成功神學的心態問耶穌：「天國裏誰是最大的？」耶穌卻回答說：「凡自己謙卑像這小孩子的，他在天國裏就是最大的。」（參太十八1、4）

# 實際最緊要

香港的中產人士，一般都投放相當多時間和精力在學業上，不過他們多數自小已經培養「讀書只是求分數、求學位」的求學態度。有多少人只會為做學問而做學問，只為得著智慧而渴慕智慧？即是說，有多少人只會關心學問和知識本身的內在價值（intrinsic value）？對大部分人來說，讀書只是手段，賺錢或事業前途才是目的，才是讀書的外在價值（extrinsic value），恰好它們也正是使讀書變得「有用」的緣由。

然而，這些外在價值往往卻是資本主義社會自由經濟體系所決定的市場價值，於是「有市場」的知識或「有市場」的技術就有價值、就「有用」。這種功利和實效的求學態度，代代相傳，愈來愈使知識和技術，僅變成實用的經濟資本，卻不是文化資本。

文化，除非能夠同時變成一盤生意，否則便有可能因為不具市場經濟價值而被束之高閣。文學、藝術、哲學，有何實用價值？事實上，書室裏最暢銷的通常就是那些具實用性題材和內容的書籍，而不是亞里士多德的《形而上學》。

讀書如是，中產父母為孩子們安排得密密麻麻的課外活動亦如是。參加所有文娛藝術活動或課程，最重要的目的也許是幫助子女升學或入名校，至於能否提高子女對藝術本身的興趣、欣賞能力及美感，尚屬其次。

中產教會又豈能例外，不難發現，在我們的信仰和教會生活裏，已經滲透著一種強勢的務實主義。人們愈來愈喜歡只從效益主義和目標導向的進路，來思想教會增長的方法和策略；人們亦似乎愈來愈倚重一些可以量化地計算業績的事工導向的牧養模式。

教會的信徒普遍誤以為教義神學太過理論，不切實際，欠缺實用價值，可有可無。他們要求的只是一種即食的快餐式信仰，最好就是有一些如罐頭式般一開即食、能即時解決生活上各種疑難雜症的現成及實用方案擺在眼前。

實用主義，如此輕易地淘空了生命中不少事物的內在價值！亦可能不知不覺地已逐步淘空了生命深層的內在質素！

誠然，務實的效益主義未必一定成問題，甚至必須承認有其存在的現實性和合理性。借用社會學家里茨爾（George Ritzer）提出的「社會的麥當奴化」（the McDonaldization of society）的觀念，「麥當奴化」所體現的那種強調目標導向的效益主義，似乎是現代資本主義社會發展的必然結果。而且這種以目標為本、以效益為核心的麥當奴化的長臂，亦已伸展到社會生活中的各個領域、各個層面，可謂無孔不入，務實的效益主義現實地已處於強勢的局面。

然而，里茨爾提醒我們，這種強調業績、效益的合理化卻有其不合理的地方，他引用韋伯（Max Weber）的「合理性的鐵籠」（the iron cage of rationality）觀念，指出人在諸如麥當奴這類以形式理性運作及遵循效益主義的架構體制之中，就好像被囚禁在鐵籠一樣，不但失去自由，還使他們的基本人性遭到否定。因此，這種強調理性計算實用效益的「麥當奴化」的社會現象，反映的可能是存在著一種非人性化的不合理性。

# 崇拜專業主義

香港大部分中產教會都有不少專業人士，可見教會普遍會瀰漫著專業主義的文化。

顧名思義，專業主義（professionalism）必然跟事業或職業有關，不過它們一定不是人人都有能力做得來的一般服務或工作，而是指到專門的職業或任務，如醫生、律師、工程師、會計師、營養師、測量師等。專業是現代社會精細分工的產物，強調職務界別，界限分明，既會劃界自限，也會限制異己的越界，因此具有一定的排他性。至於精細分工的結果，自然也有助提高服務或工作的效率和質素，亦反映了一定程度的以任務為本（task-oriented）的效益主義精神。

專業的特性，就是專業工作者需要接受跟該行業直接相關的專門知識、技術或才能的訓練。因此，專業人士一般都擁有較高學歷，且非常強調專業知識的重要性，再加上香港已經進入一個所謂知識型經濟社會，「知識就是力量」已經成為他們人生的核心價值，知識、學歷和才幹比其他事情更重要，因為它們是衡量和維護專業身分的重要指標。

當然，這些專門的知識和技能，必然要符合相應的專業社羣或組織所制定的一套業內共同認可或接納的高層次的標準，並藉此來評定工作者的專業資格，亦由此確保專業社羣集體的聲望、地位、利益和權威性。由此看來，專業主義的文化和體制，似乎蘊含精英主義的色彩，亦具有一定程度的排他性，其目的乃在於排除一些非技術性而不具專業資格的人，以便在人力市場上建立一套執業的獨佔和壟斷權。於是，專業人士可算是社會上的精英，是代表有知識、有才能、在社會上受人尊重的一個強勢社羣。

當然，有權利同時就應該有義務和責任，因此，專業社羣或組織亦會為自己制定一套專業工作者應該要履行的專業倫理守則，以防業內的害羣之馬有損服務的質素，以致最終損害專業在社會上尊貴的形象，於是凡有人違背專業倫理應有的操守，就會受到懲處或甚至被取消專業資格。

專業人士在香港不但具有較高的社會地位，連帶在教會內也可能是較被重視和較有地位的強勢羣體。事實上，不少中產教會內的信徒領袖（如長老、執事、部長、導師等），皆由中產專業人士擔任，由此反映出教會的用人標準是否跟俗世社會的分別不大呢？原來都是以知識才幹作為衡量標準，那些權重的高位也是讓有能者居之，而並不一定優先考慮事奉者對上帝的忠心、委身和屬靈生命的深度。由此可見，專業主義也可能會為教會帶來某程度上精英主導和成功導向的文化，這似乎在假設：若要教會發展順利和運作成功，就必須倚靠在社會上的成功專業人士來主導。那些知識才幹較少和教育程序較低的基層人士，就算擁有更好的品格，也只能成為教會內的弱勢社羣，只好順服中產專業信徒的強勢領導。

然而，無論專業主義的意識形態和工作文化，以及中產階級的思維、價值觀和生活方式，畢竟都跟基層存在很大的差別。雖然信仰強調教會內的不同肢體要在基督裏同歸於一，可惜現實上那根深柢固的專業主義和中產文化的思維，只會不斷強化和凸顯階級之間的差異和張力，甚至容易令弱勢基層承受心理上的壓力和產生自

卑感，影響彼此之間的關係和交往，令不少基層信徒始終不容易融入中產教會，最後就只好仍然中產專業歸中產，基層歸基層，繼續「各從其類」。

專業人士不但認為在工作上需要專業的知識和技能，就算日常生活的各個範疇，甚至休閒生活和教會生活也不能例外，都要把它們變得專業化。不少具有專業背景的中產信徒，逐漸將教會的不同職事也看為一種專業，教會內各種宣講、教導和牧養的事工愈來愈要求知識化和專業化，兒童事工如是，青少年事工如是，家庭或夫婦事工如是。他們也愈來愈要求教會的傳道人和牧者，須接受各式各樣正規的專業訓練，以致能提供具專業水準的優質服務。在專業主義的主導底下，傳道人也不能不把自己的牧職視為一份專業工作。

盧雲（Henri J. M. Nouwen）在其《建立生命的職事》（*Creative Ministry*）一書中，對牧養職事和專業主義的關係有如下的反省：「凌駕於專業訓練之上的，究竟還有甚麼？牧職事奉是否只是眾多助人解困的行業之一而已？」盧雲想指出，我們正處於一個專業主

義與屬靈操練失衡和割裂的年代。面對這種危機，他提醒我們，傳道人的事奉，其實是一種既建立自己生命，也建立別人生命的職事，牧養職事不能跟牧者的屬靈生命脫節，本質上它不是一份專業工作，而是一種生命的見證，是一種從內在生命流露出來的生活方式，耶穌並非呼召門徒做好一份專業工作，牧職事奉也不應只是眾多助人解困的專業之一。

相信沒有人反對，牧者需要不斷裝備自己，亦沒有人會否定神學知識、牧養技巧或教會行政各種專業訓練的重要性。然而，牧養職事又絕對不僅是以知識技術為本的專業那麼簡單，它更是上帝給我們的召命。當專業主義強調一套以程序或任務為本的務實文化的時候，牧養職事卻要求牧者必須以人為本，人的生命始終比工作的程序和效益更重要。當專業主義愈來愈含有精英主義的味道，愈來愈展示成功神學的時候，牧養職事卻提醒牧者，他們只是天天背起自己的十字架跟從主，被主呼召的忠心僕人和門徒而已。

迷思三

備戰

# 寶貝港孩 My Baby

電影《天生不是寶貝》（*Precious*），不但揭示了美國一向自視為文明進步、尊重人權、鼓吹平等的經濟強國相反的另一陰暗面，更暴露了隱藏在紐約這類繁榮大都會裏無數的問題家庭悲劇。

在一個吹噓美白瘦身的消費社會裏，電影中十六歲黑人女主角的極端肥胖和貌醜，本來已足夠將她打落十八層地獄。更何況要長期承受來自父母親的各種家庭暴力的慘痛虐待，不難想像她的自我形象一定十分低落，不但天生不是寶貝，簡直就自認為是社會和家庭的廢棄物。

一個表面上崇拜身體、實質上是將人的身體貶低為感性消費對象或物慾對象的社會，似乎外表風光的身體，其實已淪為商品或工具，甚至換來的是生命尊嚴的喪失！可惜的是，這種電影世界裏虛構的情節，卻可能是現實世界裏每天發生的真實悲情故事，而且不但在美國上演，在香港，天生不是寶貝的真人騷，或者天天都在演出。

當然，有另外一場不同的戲碼——「天生就是寶貝」，亦在紐約、香港這類繁華都市裏同期天天上演，也許不少香港中產家庭裏的孩子，最能演活這個角色和故事。

香港的中產孩子，衣食無憂，甚至有些寶貝自小便吃盡佳餚美食，也許由於吸取了過量的營養，因此擁有肥胖身軀也不足為奇。不過亦由於現代的中產父母，不少儼然以營養專家自居，自然不會輕忽子女的健康狀況，於是僅得幾歲的孩童，就已被要求只可吃高鈣低脂、高纖維低膽固醇的食物。而且就算真的肥胖，也絕對不會像上述電影女主角般肥得醜陋，只要透過貴價名牌服飾的裝扮，中產寶貝必然被打造成最潮的型孩，或如王子公主般高貴和優雅。

說到底，在中產父母的心目中，寶貝所擁有的身體是「尊貴」的，於是務必要將最好的獻上。然而，父母對子女身體的愛，也許只是將愛符號化為具體之消費物，而換來一種使自我感覺良好的心理回報而已。怪不得包曼（Zygmunt Bauman）如此說：「在我們的時代，子女主要是情感消費的對象。」

可惜我們這些天生就是寶貝、外表可愛的小王子小公主，不少

同時卻是盛氣凌人的小霸王或專搞破壞的小魔怪。因為自出娘胎，就有菲傭印傭侍候在側，可供他們指指點點，呼之則來，揮之則去。所有用完的用具或玩具，無需自己負責，傭人自會善後，甚至翻天覆地，將全屋倒轉過來，也有傭人收拾殘局，不用自己費神。隨時隨地，事無大小，都有僕人為這些小主人打點一切，甚至飯來只需張口，自小嬌生慣養，除了擅於下達命令之外，就連最基本的自理能力也從未學懂。這又是誰的責任？

孩子大過天，可能不少身為父母的中產信徒也會默認。幸虧耶穌沒有如此說過：「你們不能又事奉上帝，又事奉寶貝孩兒。」否則就難為了多少父母，不知如何抉擇。然而，耶穌又曾的確這樣說：「凡為我的名撇下……兒女……的，必要得著百倍，並且承受永生。」（太十九29）

# 11、34、41的誘人魅力

11、34、41，顯然不是誘人的女性三圍數字，不誘人，因為達不到大眾文化建構的標準。

誰説重視數字就只是量化的表現？誰説香港只是一個重量不重質的麥當奴化社會？在香港，某些數字正好就是符合優質標準的象徵，也公認是成功神話的符碼。對草根階層而言，可能還以為11、34、41只是有望發達的六合彩編號，焉知它們原來是不少中產父母朝思暮想的首選「優質」校網，卻是草根父母竭盡所能也無法高攀的數字。其實哪個父母不想孩子接受優質的教育？但為何我們總是相信只有名校或國際學校才是「優質」的保證？為何這些「優質教育」對天水圍的公屋孩子總是有點遙不可及？就此而言，誰説香港真的是一個人人有機會公平競爭的社會？

香港的小學派位，採取的是跟居住地區掛鉤的方式，至於中學派位，學生所屬的中學校網，並非直接跟居住地區掛鉤，而是由就讀小學的地區決定。由於這種小學校網決定中學校網的派位方式，於是入小學前的居住地區，其實早已間接決定了日後能否入讀心儀的「優質」中學。當然跨區「叩門」，可以是另一選擇或解決方法。對不少擅於精心計算、計劃未來的中產父母來説，深明若要子女最終「學業有成」，就必然要早於小學派位這條起跑線上開始部署的道理。

為了贏得這條「優質教育」馬拉松的起跑線，一羣用心良苦的中產家長，自然擇優質校網而居。故此，位於「11校網」的西半山區、位於「34校網」的何文田及土瓜灣區和位於「41校網」的九龍塘等名校區的住宅，自然成為不少家長心儀的對象。就以二〇一〇年推出地產市場，平均呎價達二萬多元，位於「41校網」九龍塘的豪宅「尚御」（Meridian Hill）為例，其廣告正用上這樣的字眼：「坐擁全港最優質名校網，勢成區內豪宅新指標。」歸根究柢，原來香港的所謂「優質教育」，畢竟還是要跟主宰本港經濟命脈的房地產市場結盟。亦再次證明，儘管香港的教育制度如何被批評得體無完膚，但對中產階級來説，能夠倚靠個人能力，並且可以用錢解決的問題，還不算是大問題。

可惜的是，以前「十年樹木、百年樹人」這種建基於時間觀的教育理想，隨著香港人共同追捧名校網的努力，原來已經逐漸被空間化。因為我們心目中的「優質教育」，竟然到頭來只是由某幾個具有經濟優勢的社區空間所佔據。

而且這種空間化的「優質教育」，無可避免具有強烈的競爭性和排他性。事實上，這恰好是空間的特徵，因為從來沒有兩個人或兩個存在物能夠同時佔有同一空間，換言之，當我佔有此一空間時，即意味著已為此空間定了界限，以防止他者闖進。因此，這種空間上的佔有感，自然會同時表現出一種跟他者的競爭性和對他者的排他性了。

伴隨著追捧名校網的教育空間化而來的，最怕就是教育愈來愈商品化，而最終教育出來的人，就只懂得為經濟發展服務而已。

數字就算不是量化的工具，不過它仍然成功地發揮著使事物標準化或同質化的功能。

# Parenting 消費指南

以中產讀者為定位的《星島日報》，在二〇一〇年初出版了一本名為《親子王》（*Smart Parents*）的刊物。顧名思義，若自認是精明醒目的「至叻」父母，就應該閱讀這本雜誌，刊物的名字甚至暗示它是王者之選，地產界有「地產大王」，補習界有「補習天王」，精於教仔的自然也有「親子王」。事實上，創刊號面世之前，已連日來用全版廣告聲稱自己是「全城最強親子育才天書」，單從名稱和廣告字眼，就可看出它跟城中眾多這類育才天書一樣，背後推銷的又是那套在激烈競爭中如何追求卓越與勝利的成功哲學。只要翻閱其創刊號分析一下，就可看到它如何反映了不少時下香港中產父母這套核心價值與思維。

創刊號的封面及主題文章，就以著名藝人為女兒考入「女拔」所展開的學位爭奪戰故事，以及獨家專訪「女拔」校長，透露考入學試的十大竅門作打頭陣。由此可見，這本育才天書的定位已露端倪，似乎暗示父母的最大成就，便是在激烈的競爭中讓子女成功入讀名校，畢竟親子之道，最終還是以學業有成為首要目標。

若要成功入讀名校，當然還要具備其他配套。由於能夠入住名校網的居所是成功的先決條件，所以在這本「天書」內出現名校網的地產廣告絕不希奇。至於各種有助學業成績的能力訓練，如專注力、記憶力、面試能力、閱讀能力、英語、普通話、寫作、奧數、補習等課程；以及音樂、舞蹈、繪畫、體育、社交、外展歷奇這類有助於爭奪名校學位的興趣班的廣告，自然也必不可少。儘管廣告吹噓「智潮父母」，讀此雜誌，就能「輕鬆育才」，但若真的跟隨雜誌內文實踐，則保證父母殊不輕鬆。不過最可惜的，還是再一次感受到中產港孩為了滿足父母的期望，無法不去承受那生命中不能承受的重！

這本親子刊物亦看準了中產父母特別關心寶貝孩子身心健康的心態，於是除了刊登一些健康食品的廣告，以及請來一些醫護人員或營養專家分享這方面的心得之外，也邀請專家撰寫兒童性格和教仔方法這類大眾心理學的簡短文章，藉此滿足一般中產父母讀者的口味和需求。當然還少不了會介紹一些親子吃喝玩樂活動的消費資訊。由此可見，這本「全城最強的育才天書」，其實只是另一本想打入經濟市場的親子消費雜誌而已。

以上的分析，有誰不知？因此可能會被批評為只是老生常談，了無新意。事實上，不少父母口裏亦經常埋怨香港學習環境競爭太大，讀書壓力太重。但奇怪的是，他們卻仍舊明知故犯，仍舊要催谷孩子成為尖子。因為大家都明白競爭社會裏「成王敗寇」的後果，既然人在江湖，便要繼續參與這個現實的遊戲，到頭來便更加鞏固這種主流意識。故此，相信這類消費雜誌仍有市場，因為鼓吹迎合市場的消費主義，就是塑造羣眾的共同口味和強化主流意識最有效的工具。

至於不想跟現實妥協的人，就只會被主流意識邊緣化，愈來愈感到孤掌難鳴。可是，我們的社會其實更需要聆聽這些「分別出來」的聲音。

# 填鴨式課外活動

多少港孩，經過一天填鴨式課程的學習後，馬上便要參加各種填鴨式課外活動，當然更不會放過週末和暑假等黃金檔期。

根據二〇一一年四月十一日《都市日報》的報導，「香港中華廠商聯會專業人士小組」早前曾訪問一千九百一十二名小四至小六學生，結果顯示百分之四十五點八受訪學生參加四至六項課外活動，參與七項以上的學生佔百分之二十二點六；百分之五十點三受訪者的父母，每月更花近六千至一萬元在一名子女的課外活動上，花費過萬元的亦約佔百分之二十，望子成龍的父母，可謂不惜工本，也要培育下一代成為「萬花童」。調查亦顯示，接近百分之八十的學生每天在參加完課外活動後，僅餘下不足兩小時的私人時間。其實過多的課外活動，也會影響親子關係，調查發現逾百分之六十的學生只會間中與父母傾談，遇上困難時更只有百分之十點七的小孩會向父母求助。

那怕這些填鴨式課外活動會「玩死」我們的港孩，最重要的還是能夠為他們度身定造一張「見得人」的 Portfolio。在人人都趕著要增值的年代裏，還在唸小一的孩子，他們的 Portfolio 已經印下了鋼琴和芭蕾舞考試的驕人成績。孩子手中的 Portfolio，就像是一張人有我有的「八達通」，若要暢通無阻地入閘，每隔若干時候就要增值。而且認咭不認人，一張一張記錄了大同小異的「成就」和

「業績」的 Portfolio，卻可能掩蓋了每個孩子獨特率真的氣質和天真可愛的面容。

在成人的世界裏，工作、成就、業績往往是生命中最重要的事情。可惜成人們已將孩童的課外活動和遊戲也變成講求成績的「勞動」。如此，課外活動，只是學校填鴨式課程的延續，同樣以增值為目標，同樣奉行「多就是好」和「好大喜功」的「大有為」原則。

「為學日益，為道日損。」老子卻推崇無懼減損、小就是美、無需執著、順其自然的「無為」智慧。試問，當填鴨式課外活動遇上老子的「無為而治」，能否有望告別「大有為」的增值文化？

昔日，在屋邨長大的窮孩子，他們的課餘消遣可能就是最符合老子順其自然的無為哲學。由於大人終日只顧為口奔馳，何來時間和心力對孩子的課外活動苦心思量，作出干預。於是遊戲和興趣都是小孩自己興之所至，隨心而作，只會順手拈來，而且都是寓於日常生活當中。雖然沒有現代化的主題公園，但就近的屋邨走廊和空地隨時都變成他們消磨大半天的遊樂場。只要三五成羣，就有遊戲可玩：猜皇帝、捉迷藏、跳飛機、射水槍、拋豆袋……在物質相對匱乏的年代，很多遊戲正是就地取材，反而更考創意，又何用煞有介事地參加甚麼創意培訓班。若想玩得刺激一點，大可聯羣結隊，上山下海，經歷冒險旅程，何用參加甚麼外展課程或野外歷奇訓練。其實，在這些日常的集體遊戲和羣體生活中，就自然學會與人相處和自我生存之道，又何用報讀甚麼改善人際關係和社交技巧的訓練課程。

今天，港孩所參加的課外活動，無論場地和內容，反而大多數都經過專人和專業設計，基本上都具有一定的組織化、程序化和功能性，背後或許都有一大套專業理論來支持，不過因此卻可能令家長過度地迷信專業，以為只要將孩子「外判」給興趣班的導師就行，反而漠視了日常生活才是培育孩子生命成長的重要場所和資源。

事實上，「遊戲」（play）的本義，乃是指到一些漫無目的、強調即興、創作、想像、隨意而帶有戲耍性質的自由活動。因此，愈少干預、愈自由、愈能順其自然、愈不執著於實用和功利心態就愈好。也許，這種「遊戲人間」的日常生活實踐，更有助於發展孩子多元智能的人格。然而，今天填鴨式的課外活動，已把遊戲和興趣變成一些煞有介事的「作業」，一項長期作戰的「工程」，甚至是一種機關算盡的「謀略」！

迷思四

# 大業

# 貨幣霸權

「一個人不能事奉兩個主……你們不能又事奉上帝，又事奉瑪門。」（太六24）不過耶穌還有下文，他隨即談到「不要憂慮」的問題。（參太六25～34）

首先耶穌似要逼我們，在委身於自身可掌控的瑪門所換來生命的安全感，跟委身於自身無法掌握的上帝之間，需要作出抉擇，因為魚與熊掌，兩者不可兼得。然而，恰巧人於這樣重大而且困難的生命抉擇當中，要作選擇實在談何容易！因此，耶穌的說話豈不是為信徒帶來更大的憂慮麼？祂卻又教導信徒「不要憂慮」，試問如何可能呢？

何況沽在香港的處境，自從八十年代以後，香港銳意要發展成為國際金融中心，在政府經濟發展政策的帶頭下，使到香港人長時間將精力過度集中在炒賣房地產、股票基金及其他金融投資的經濟活動之上。而事實上，由八十年代至九七前的一段日子裏，香港人一同經歷了香港最富裕的年代。

不過亦正因如此，「刺激經濟、搵錢至上」可說已經成為香港人的主流論述和共識。當中國政府、全世界、甚至香港自己都幾乎一面倒地以經濟發展論述來建構香港的存在價值的時候，就已經開始表現出一種含有排他和壓制性格的強勢資本主義的意識形態了。正如龍應台所言，以追求個人財富這樣的資本主義運作邏輯建構成

的「中環價值」，已經壟斷了香港核心價值的話語權，儼然成為香港惟一要堅持的價值。

尤其是嬰兒潮一代的中產人士，更成為香港經濟成果的直接受惠者，上述的強勢資本主義的意識形態，更成為他們根深柢固的核心價值。如此説來，試問在這樣的主流意識潛移默化底下成長的中產基督徒，面對耶穌提出事奉上帝不事奉瑪門的挑戰時，最終會否憂慮更大、困擾更深？

對現代社會的中產信徒來説，如果瑪門所代表的並非只是金錢那麼簡單，而是代表了一種強勢資本主義意識形態的世俗宗教的話，如此説來，中產信徒真的可以不膜拜、不事奉瑪門嗎？真的可以抗衡資本主義所蘊含的意識形態和價值觀的強勢操控嗎？在「惟獨瑪門」的社會氛圍底下，如何實踐「惟獨基督」的信仰？

細察聖經經文，原來耶穌告訴我們，在事奉上帝和事奉瑪門之間，其實不是自由意志的抉擇，亦不是一種資本主義式如何賺取兩者兼得這種最大利益的計算，更不是一種只求自己「著數」的交易，而是放下自我，惟獨順服來自耶穌的命令和吩咐。正如當那位滿有成就的少年財主來問耶穌，如何靠個人行善的能力而賺取永生的時候，耶穌卻吩咐他變賣所有來跟從祂，可惜的是，他終於以自由意志的抉擇代替了遵行耶穌的吩咐（太十九21）。

由此可見，福音並非由自我意志的自由抉擇來成就的，它只可能是按照上帝的自由旨意無條件送給我們的恩典，我們只應謙卑地接受，正如天父養活飛鳥的恩典一樣。

固然，這福音絕不是「只講著數」的廉價恩典，因為基督的恩典是祂用自己生命的重價成就的，作主的門徒效法基督背負十字架跟隨祂也是理所當然的事。故此，耶穌講完上帝會供應肉身需要的恩典之後，隨即對門徒說：「你們要先求他的國和他的義。」（太六33）畢竟「天國的福音」，乃是要求我們必須全然委身順服於這位天國的君王，我們只能在委身順服中「求他的國和他的義」，甚至甘心為義受逼迫，亦在所不計。

不過耶穌又曾經保證：為義受逼迫的人是有福的（太五10）。

# 一生欠地產商的債

明愛機構專門服務中產人士的「再晴計劃」，委託香港理工大學應用社會科學系社會政策研究中心，於二〇〇九年十一月至二〇一〇年二月期間，針對中產階層面對的問題及需求作出調查。報告指，中產人士其中最關注的一項是樓價問題，甚至因供樓而令他們感到壓力和憂慮。事實上，就連元朗區的樓宇呎價也升至七、八千元的水平，中產人士又豈能不感到艱難！彷彿一生人就是欠地產商的債！

毫無疑問，香港的樓市向來跟政府的土地供應政策有關。中英聯合聲明規定，殖民地政府在九七前每年賣地不可以超過五十公頃，變相不可以按自由經濟市場供求原則來賣地，在求過於供的情況下，樓價於一九八四年至一九九七年間升了十數倍。樓價的升值，一方面固然令政府透過龐大的賣地收益而增加庫房收入；另一方面，地產商亦自然賺了大錢，壟斷了香港的經濟市場。為了確保樓市不斷升溫，於是繼續誘發市民一起炒賣，推高樓價。就算九七之後，炒樓風氣，繼續有增無減。

不過，對私人樓宇市場需求最大的往往又是中產階層，於是每逢遇到樓價颷升、置業困難的時候，中產人士便會經常埋怨、甚至大聲疾呼：「中產好苦，中產最痛。」於是，社會輿論便會紛紛出籠，為中產階級抱不平，將矛頭直指內地炒家和地產商，甚至向政府施壓，指責政府跟地產商官商勾結。同時也有不少專家學者紛紛出來向政府獻策，建議政府如何改善土地供應量；如何為中產提供各種置業的幫助；如何重新檢討居屋政策，以紓緩中產置業的問題。

誠然，中產人士供樓的苦況是有目共睹的，社會輿論的批評亦大條道理，專家學者的意見也非常有參考價值。然而，當中產人士終日只會怨天尤人的時候，究竟有沒有怨過自己？有沒有捫心自問，自己可能也是造成今天香港樓價飈升的元兇之一？試問，倘若有錢的中產人士，不會為了不斷要改善家居生活質素而經常搬屋換樓，或者不打算為了安排子女入名校而攜手推高名校區的樓價，又或拒絕加入地產投機市場參與炒賣圖利的活動，則香港的樓市會否發展得如此瘋狂和不合理？

當然，在經濟能力許可的情況底下，想要改善家居生活質素這一種想法完全沒有問題。然而，為何改善家居生活質素，要跟轉換愈來愈大的單位面積、擁有豪華高尚享受的會所設施、具有高貴的室內裝修和坐擁天價的豪宅扯上必然的關係？為何中產人士一定要住貴價的豪宅？為何中產市民必然一生要欠地產商的債？當律師和醫生終日埋怨自己的入息都不夠供樓時，為何不考慮入住舊區的平價樓房？為何不能將舊區的唐樓，裝飾成有品味的家居設計？其實，家居的生活質素，最重要是在乎有沒有真正的「家」的感覺，有沒有優質的生活方式和生活態度，甚至有沒有充滿美感的生活美學。而這一切，最終似乎還是關乎那住在家裏的人的生命質素。

滙利鋼鐵工程
紫泰鋼鐵工程

# 居室空間如何塑造人？

五、六十年代，香港經濟仍未起飛，能夠住唐樓和擁有私人物業的人，一般經濟條件已算不錯，但始終未能富裕至可以經常置業換樓，於是往往一住就住上多年。至於當時大部分較窮困的香港人，則只能租住徙置區，甚至寮屋，能夠有屋住已算萬幸，更遑論可以隨便換樓改善家居生活，當然迫遷就是例外。

居所空間其實不斷在塑造及反映著人的生活方式和習性。房屋內的家居建築空間，跟居住於其中的家庭成員之間的倫理關係息息相關。換言之，家居建築的空間結構和幾何學上的空間關係，某程度上影響著家庭成員之間的人際關係，甚至塑造著家居成員間的家庭觀念；至於城市或社區內的住宅建築空間，則可見居住空間如何建構著社區空間，如何影響著鄰舍之間的社區關係，以及如何塑造著社區文化的精神面貌。

在居住徙置區和 H 型公屋的年代，一家人擠迫在一個狹小的空間裏，四、五個家庭成員只能共睡一張碌架牀。不但沒有任何私人的空間，甚至要跟鄰舍共用公眾的廚房、浴室和廁所，最多只能滿足個人最必須和最基本的私隱需要。昔日，在這麼高密度和低私隱度的居室空間裏，固然家人之間和鄰舍之間會經常發生磨擦和衝突。不過回想起來，當時那細小而開放的蝸居，以及那連繫著數十戶的長走廊和樓下空地的公共空間，正好幫助我們體現中國人傳統團結一致的家庭觀念，以及孕育著我們那種「遠親不如近鄰」的互愛互助和互相守望的鄰里精神。

今天，父母和孩子各有自己的睡房和工作室，強調要保持各自的私人空間，並要互相尊重彼此的私隱。父母和孩子可以一整天各自關上房門，搖身一變而成為隱閉青年或御宅一族，將自己禁閉在細小的密室裏，卻往無限的電子虛擬空間裏馳騁漫遊。雖然居室空間的面積擴大了，私隱度也提高了，但一家人的心靈可能卻是各自密封和緊閉著，反而可能加深了彼此心理和情感上的距離。由此可見，現代家居空間的結構和裝置設計，表現的正是強調現代個人主義的價值觀，多於傳統的家庭觀念。

香港居室建築空間的轉變，歸根究柢與這個城市的經濟發展有關。由於政府長期以一種疑似真理的言論，去説服我們相信香港地少人多，土地是珍貴的資源。於是，政府便能將高地價政策和高密度的房屋發展政策合理化，不斷與地產商進行「空間的生產」（production of space），令空間自身成為一種經濟活動及經濟產物，成功使「珍貴」的土地變成「真貴」的房屋。

然後，地產商透過廣告修辭學的威力，經常誘導香港市民相信，美滿幸福的家庭，總是由擁有五星級的享受，以及舒適寬敞空間的豪宅開始，透過塑造烏托邦式家居空間想像來挑動我們對空間的欲求。因此，現代家庭的觀念，可能需要重新以空間生產的經濟學來定義。在經濟學的意義下，居住者不斷意欲要生產空間、擴張空間，使空間增值，於是家庭成員要努力經營的，可能是居所空間的經濟效益，多於家庭成員之間的倫理關係，將要結婚的男女戀人，首先關心的可能不是婚姻關係本身，而是能否置業和如何供樓的問題。

當居住空間變成一種隨時可供買賣的商品的時候，居所自然便會跟隨社會的經濟環境和地產市場的經濟規律之起落變化而進行交易。由於居住空間可以隨時易手，於是居住在其中的人，便習慣了經常在一種居室既屬於自己、又不完全屬於自己的無根經驗裏生活。居室空間不是長久固定的，居住的經驗自然是經常遷徙流動和游離的。

在生產空間的經濟學意義下，現代的家居空間亦變得愈來愈私有化。但居所空間的私有化，同時亦帶來對私有產權和個人私隱權的愈加重視和保護，於是現代的私人住宅幾乎家家戶戶都重門深鎖，對居所的保安措施和設計自然具有特別嚴格的要求，由此亦加深了社區的圍牆，以及強化了鄰舍之間的隔膜，或許大家能夠聽到鄰舍貓犬之聲，但卻真的有可能「民至老死不相往來」，最終社區空間內只會生產出更多冷漠的陌生客。或許，當關係到共同利益

時，大家才會走在一起結成聯盟，利益或功能一旦滿足了，關係就可隨時中斷，鄰舍之間的聯繫，似乎只能建立在某種功能性的利害關係之上。當然，現代人經常遷徙流動的居住經驗，亦成為鄰舍關係淡薄和疏離的原因。

早於創世的時候，上帝本來安置始祖在空間廣闊的伊甸園裏安居樂業，落地生根，居室空間雖大，卻無損亞當夏娃的親密關係。可惜後來由於始祖犯罪，被逐出伊甸樂園，從此在外漂泊游離，四海為家。但無論亞伯拉罕、摩西抑或以色列人，他們所過的流離飄盪的客旅生活，難道又只有咒詛，而沒有上帝的祝福麼？因此，無論定居也好、遷徙流動也好，最重要就是在這一充滿變幻不定的人生旅途之中，願意遵行耶和華的話，順服上帝的引領，與上帝同行，讓祂自己成為我們生命得以安息的居所。

# 港式教會（中產製造）

反思「教會中產化」的問題，針對的並非只是那些富裕的中產教會或有錢的信徒，而是討論那已經成為社會主流的中產意識形態，如何在信徒中「執政及掌權」，以及如何驅使教會逐步走上世俗化的道路。故此，這裏所指的教會，不僅是富裕的中產教會，也包括貧窮的基層教會，因為不能否認的是，中產的意識形態，同樣是不少香港基層人士嚮往和擁抱的核心價值。

也許，在不少基督徒心目中，教會是屬靈的家，信徒躲在教會圍牆之內，只會尋求和經歷內在的屬靈經驗，追求個人道德生命的改善和突破，並在屬靈的家內過一種「分別為聖」的屬靈生活。於是，他們刻意要將基督教從俗世社會這公共空間撤離出來，使信仰變得屬靈化和私有化，並經常以「政教分離」的口號，聲稱為了避免陷入教會被政治化的「危機」，作為其不談政治、不關心公共政策和社會事務的借口。他們以為這樣做就是「分別為聖」，就是所謂免於被世俗化的做法。殊不知教會的「非政治化」，恰好卻可能是一種非常「世俗化」的表現。因為「私有化」和「非政治化」這種務實利己的個人主義，往往就是一種維護個體既得利益的有效手段和策略，也是一種香港典型的中產意識形態，試問「只講經濟，不談政治」，豈不是香港主流的中產精神嗎？

然而，香港教會不是要「非政治化」，反而是需要發展一套「非世俗化」（即「分別為聖」）的政治神學或公共神學，以促使教會「政治化」，讓教會成為另類的「政治」羣體，即以天國的政治倫理去批判世俗政治的意識形態。

「屬靈」和「屬世」二分的講法，教會似乎只會應用在「政教分離」的課題之上。一旦談到經濟發展和消費生活，基督徒可能也變得非常屬世。試問信徒和教會真能輕易抗衡「中環價值」這種中產意識形態的宰制嗎？不少中產信徒豈不是同樣信奉自由市場經濟的核心價值麼？我們是否同樣對經濟自由主義所造成的經濟壟斷和剝削的現實視若無睹？我們又是否同樣只會期待香港經濟經常保持高速的增長麼？然而，為何經濟發展必然是硬道理？為何個人及城市發展的成敗必然繫於經濟發展之上？為何倚靠刺激消費意欲的經濟增長必然是好事？難道經濟增長帶來的通貨膨脹是普羅市民（尤其是基層人士）的福音嗎？為何我們總是擔心經濟衰退？是因為害怕貧窮？歸根究柢，原來「重富輕貧」可能是活在資本主義社會內一種潛在著的中產意識形態，甚至基督徒也無可避免會被這種世俗的價值觀同化。

表面上，信徒和教會不會「重富輕貧」，但實際上，中產意識形態很多時卻會以貧富作為衡量成敗的標準。故此，多少中產

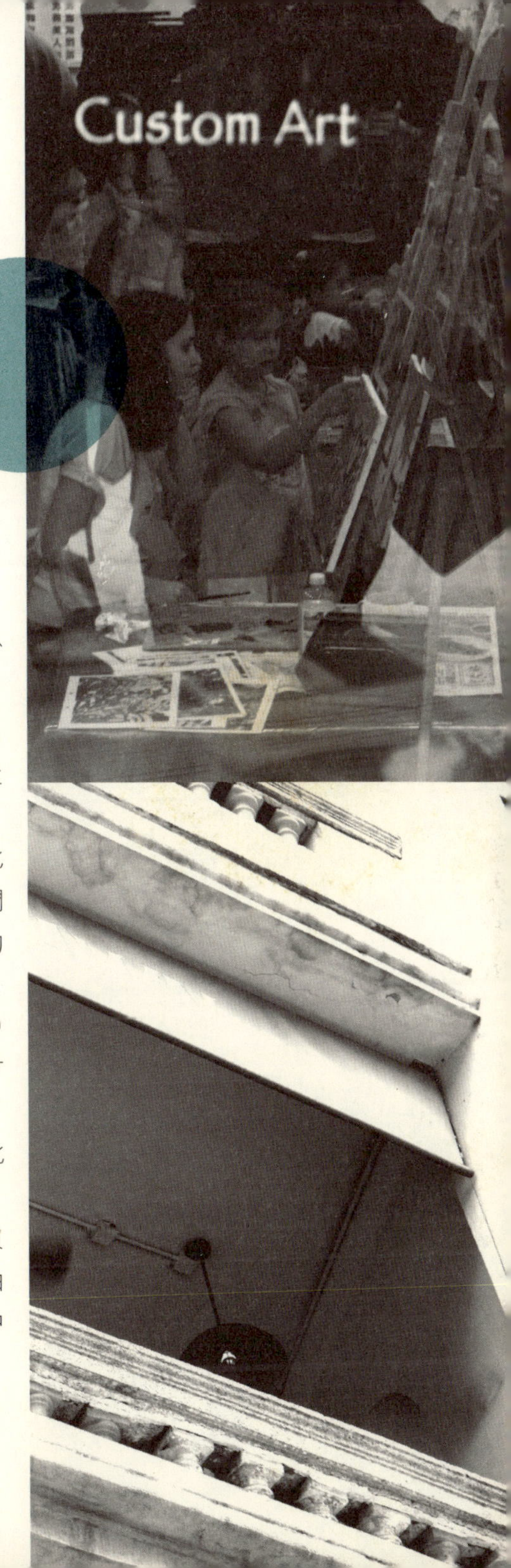


信徒豈不是同樣忙於工作賺錢麼？多少中產基督徒父母豈不是同樣望子成龍，同樣千方百計也要把子女送入名校麼？信徒和教會（例如教會所辦的學校）豈不是同樣追逐功名成就和業績表現麼？我們豈不是同樣以大型堂會及可供量化的活動，作為教會增長的目標麼？我們豈不是同樣藉著刺激「宗教消費者」的消費意欲，來把他們留在教會之內麼？成功神學豈不是同樣主導了信徒和教會的思維麼？甚至乎當中產信徒的生活方式、言語思維、教育背景和文化品味，難以跟基層信徒產生共鳴時，中產文化是否無可避免地要排斥貧窮文化？

然而，耶穌取了奴僕的形象，向貧窮人宣講被擄的得釋放，受壓制的得自由的福音（參路四17～19），這對教會的中產化又帶來怎樣的批判和啟迪呢？

迷思五
發
品

# 潮丐犀利哥

在過度強調生產、發展和競爭的現代社會裏，「進步」、「成功」和「有用」自然成為社會中、上階層特別擁抱和維護的核心價值。然而，當社會愈是擁護這些價值的時候，就愈可能意味著對「退步」、「失敗」、「無用」的無法忍受和鄙棄。當米開朗基羅（Michelangelo）曾被人問及如何能夠成功地創造出優美的雕塑時，他如此回答：「只要取來一塊石頭，然後去掉多餘的部分就可以了。」如果創作就是去掉多餘無用的廢棄物，生產便是一個製造即將要扔掉的廢棄物之過程。從這角度來看，擁護上述核心價值的現代社會，可能同時也在不斷製造著廢棄的文化。

致力於批判「現代性」的社會學家鮑曼（Zygmunt Bauman），正是幫助我們從「廢棄」的角度去拆解「現代性」的問題。他指出這個過度消費和全球化的現代社會，不但大量製造過剩、無用的廢棄物／垃圾，同時亦不斷生產著失敗、無用的「廢棄生命」（wasted lives）。他認為這種廢棄的文化，乃是伴隨社會現代化必然而生的產物，而構成現代性的重要元素——「經濟進步」，正是導致廢棄生命出現的其中一個成因。換言之，當社會愈偏重經濟發展和進步的時候，社會就可能出現愈多的廢棄生命或廢棄人口（wasted human），即是一羣在經濟進步下被視為欠缺生產力和無用，而最終被社會淘汰或遺棄的多餘人。然後，鮑曼説人們通常更會「用不看使其不被看到，用不想使其不被想到」的方法，來處理（或去掉）這批多餘的、無關痛癢的和無用的廢棄生命。流浪漢和拾荒者，可算就是當中最典型的例子。

不過，人世間的事情往往又出人意表，當我們仍如常地無視拾荒者的存在，仍慣常地只將焦點放在城中政商界名人、學業有成的尖子、事業成功的青年才俊、名利雙收的藝人和在星光大道下逐步竄紅的超級巨星的時候，想不到無數人竟會將目光投放在一位被稱為「犀利哥」的流浪漢身上。「犀利哥」不但在中、港、台的網絡世界裏一夜成名，甚至被外國媒體報導。也許，有人便以「犀利哥」的例子來反駁，偏重經濟發展的現代社會，原來始終沒有把隱匿在城市中的流浪漢遺忘掉。

但不要忘記，這位被網友封為「寧波第一乞丐王子」、「潮丐」、「極品路人帥哥」的流浪漢能夠極速走紅，只因在鏡頭底下，他被營造成一個時下認為充滿美感的「潮人」和「酷男」形像——擁有凌亂不羈的髮型、瘦削的面龐、憂鬱的眼神和看似配搭得有型有格的衣飾。甚至有不同的網友分別認為他酷似劉德華、梁朝偉、金城武和日本原宿教父滕原浩，更有人建議找星探發掘「犀利哥」，好讓他在娛樂圈發展。由此可見，網友其實仍然擺脱不了他們心目中「成功偶像」的標準，他們所注視的，並非那個真正被社會遺忘和廢棄的流浪漢，而只是他們心中共同投射出來的一個典型成功潮人的符號而已。在現實上，也許我們依然慣常地看不見在城市裏漂泊的廢棄生命。

然而，耶穌跟我們不同，祂總是停下來，關注他們。例如那些被鬼附的、長大痲瘋的、害癲癇病的、犯姦淫的。

# 殺校——教育工業的廢棄文化

香港的學校，似乎愈來愈一面倒地只是為了經濟發展而製造大量「合用」的人力資源。為了配合這單一目標，自然會凸顯教育制度的功能性和實效性，學校儼然變成工廠，專門生產一大批具有實用知識和技能的學生，以滿足市場的需要。香港的教育，已愈來愈變成一種產品或成果導向（product or outcome oriented）的教育工業。

在激烈的競爭和篩選過程中，我們只好接受優勝劣敗的現實。一向具有市場競爭力的名校精英和尖子，憑著他們的有利條件，自然容易脫穎而出，成為教育工業所生產的優質精品。至於那些未能符合經濟發展市場需要的學生和學校，便惟有無奈地等候被淘汰、甚至被宰殺的命運。由此看來，經濟的發展和進步，既促使教育工業不斷按市場需要生產優質的精品，但同時亦會製造被視為不符合市場經濟效益的教育廢品；這些多餘的廢棄物，由於看不到有多少剩餘價值，不如乾脆把它們棄掉，因此「殺校事件」時有所聞。

對於上述的社會現象，鮑曼（Zygmunt Bauman）可說一語中的地點出了問題的癥結。他認為廢棄品是伴隨社會現代化必然而生的產物，而構成現代性的兩個重要元素——「經濟進步」（economic progress）和「秩序構建」（order-building），正是導致廢棄物出現的成因。在生產知識的工廠中，生產同時也就是一個篩選的過程，必

然要將合格的產品和無用的廢品區分開來，至於衡量產品質素合格與否的標準，自然便由將來用家的需要來決定。而且，知識的工廠必然是透過理性去建構秩序，必然要求被管理得整潔亮麗和井然有序，正因如此，就更需要把污濁混亂的部分掃除到黑暗的角落。至於不幸被拋棄在黑暗裏的廢棄物，即意味著已經不再擁有生存的空間，於是無可避免要遭逢被毀滅和被遺棄的厄運。

「殺校事件」，再次見證著資本主義社會貧者愈貧、富者愈富的經濟發展律則。名校就算不停將落敗的學生拒諸門外，也從來不愁收生不足，相反只會不斷壯大。但一些隨時面臨被殺的學校，在裏頭就讀的往往卻是社會上較基層和屬於弱勢社羣的學生，借用鮑曼的講法，正好就是一羣被經濟社會漠視的廢棄人口，例如領取綜援、有學習障礙、成績差而被其他學校放棄的學生，以及新來港學童。儘管這些學校的老師仍竭盡所能，因材施教，不過在現實的社會風氣和教育制度底下，始終難望能夠做出個

「好成績」來。然而，成績愈差，校譽就愈低，就愈加收生不足，最終便只能日夕在生死線中掙扎求存。「殺校事件」，畢竟是這個鋤弱扶強的社會的真實寫照。

香港的教育，何時變得只按效益最大化的功利原則來計算成本效益？何時變得只顧關心資源的分配？何時正式放棄了有教無類的責任和理想？

耶穌的教育，卻從來不考慮經濟效益，祂願意花三年時間貼身訓練十二個門徒，重質不重量。祂的門生也不是甚麼青年才俊和社會精英，甚至只是基層階級平凡庸碌之輩。更難得的是，儘管門徒最終的表現令人失望，或做逃兵，或三次不認主，但耶穌依然有教無類，從沒放棄他們。在耶穌的心目中，從來沒有應被廢棄的學生。但願香港的學校，並非只教「好」學生，而是把學生教好，真正實現無廢品教育。

# 文化廢墟上的城市發展

為要把香港打造成國際級現代化大都會和金融中心，香港的城市面貌也持續地在改變當中。舊的不去，新的又怎會來？於是不斷地「拆、拆、拆」，然後「起、起、起」。事實上，「加速重建發展，去舊立新」和「更新舊區，促進經濟」，正是「市區重建局」的工作重點。就算在「旅遊發展局」的心目中，香港這城市的懾人魅力，原來也離不開那璀璨奪目的「幻彩詠香江」，以及矗立維港兩岸的巨型玻璃幕牆建築羣而已。由高官到大地產商，只是忙於為這個城市的面貌塗脂抹粉，務求使它能令人感到眼前一亮。至於香港昔日的古樸舊貌，就只能殘留在老照片中供人懷緬。

由殖民地到特區政府，這種「拆」與「起」的城市發展政策其實沒有太大的差別。回望過去，九龍城寨、調景嶺、大磡村、大澳、雀仔街、陰澳、天星碼頭、皇后碼頭、囍帖街等，在經濟發展的大前提底下，最終也只能夠成為現代城市的歷史廢墟，難逃被長埋於垃圾堆填區的厄運了。

然而，當舊日的空間被夷平，在空間裏的舊人又豈能留下？拆卸舊區，就要全部清場，連人帶屋也要移走，而往往住在舊區的，都是一些缺乏經濟競爭力或貧窮的基層市民。推土機要清拆的，不僅是殘舊樓房這類物質性的地理空間，甚至連一直生活作息於其中的居民，以及由他們自然形成的人文

REDANA CENTRE
epis Education Centre
丹納中心
Vehicle waiting will be prosecuted
不予警告
BIGFOOT CENTRE
Patrick Tsui Tel: 6575 6097
Jennifer Ma Tel: 9704 2214
vater

空間也要連根拔起。市區重建的第一步，首先就是要藉著拆毀的過程將舊區還原為廢墟，因為在政府官員和大商家的心目中，落後的舊區就是阻礙經濟發展的廢棄空間，也是令這個國際級現代化都市蒙羞的「廢品堆填區」。然後，城市發展就是建築在這些廢棄空間之上。

無論是政治抑或經濟的理由，跟祖國接軌已是大勢所趨，無法逆轉。於是興建高鐵，似乎也在所難免。但為了建高鐵而清拆菜園村，為了經濟發展卻要毀人家園，甚至要白髮蒼蒼的老人家切斷一切跟土地和鄰人的長久關係，這是否合情合理？當然，在政府官員的眼中，菜園、耕地、老人，畢竟仍是鮑曼（Zygmunt Bauman）筆下那些阻礙經濟發展大業的廢棄空間和廢棄人口。而現實上，又的確總有不少人趕不上或不想趕上這部高速的經濟列車，而可能只好成為多餘的廢棄生命。

菜園村與高鐵，恰好代表了農業與商業兩種不同的生產和經濟模式。借用鮑曼曾引用耕種和採礦的對比來思想這課題，實在又很有意思。正如耶穌所講，由於一粒麥子落在地裏死了，才能結出許多子粒來，生命的盡頭原來不是永遠的死亡，透過泥土的埋葬，賦予泥土孕育生命的生機，轉過頭來便能成就無數的嶄新生命。是故，鮑曼認為農夫耕種所體現的，正是一種循環不斷、死而復生、生生不息的生產形態，而並非永恆的廢棄毀滅。相反，採礦的生產形態卻是破壞性和毀滅性的，礦產只會不斷減損、陸續耗盡而不能挽回；而且開採礦石時要不斷將覆蓋礦脈的泥土去掉，在提煉過程中又要濾盡礦石中的渣滓和雜物。因此，採礦既是一個無法復原、又是不斷堆積廢棄物的生產過程，就好像香港的城市發展一樣。

# iPad 世代的廢棄幽靈

在鮑曼（Zygmunt Bauman）筆下的「液態現代性」的社會裏，「一切堅固的東西都煙消雲散」（all that is solid melts into air；馬克思〔Karl Marx〕語）。在變遷和流動中，已經逐漸容不下「不變」與「永恆」，只能剩下不確定性和短暫性。出現隨即消失，生產隨即丟棄，在液態社會的天空中，彷彿瀰漫著無所不在的廢棄幽靈。

賽博空間（cyber space），最能體現「液態現代性」中的隨生隨滅和廢棄文化。文字、圖像、聲音、思想、情感……不會長久駐足，只會不停地在屏幕前輾轉「下載」、「拼貼」、「複製」、「傳送」、「接收」；同時也不斷地在滑鼠箭頭的移動中「剪下」和「刪除」。流動的資訊既在網絡世界中無限地繁衍增生；同時，大量廢棄資訊和垃圾電郵，也會遺留在資源回收筒內埋葬滅亡。只須在瞬間輕觸「刪除」鍵，電子資訊的廢棄物就會在指縫間溜走，結果，一切思想和情感廢品最終都只得煙消雲散。

賽博空間不但大量生產垃圾資訊和電郵，日新月異的電子產品亦不停地在時髦（in）與過時（out）之間現身與隱沒（in and out），今天是夠潮的珍品，明天就可能淪為無價值的廢棄物。經濟強國一面大量製造電子產品，亦一面大量輸出電子垃圾。某些只顧盈利的所謂電子廢物回收公司，其實只是將大量電子垃圾運往第三世界國家棄置而已，卻從來無視電子廢品內有毒重金屬對自然環境

Lane Crawford

造成的污染。廢棄文化也許是貧富懸殊的另一徵狀，富人總愛製造垃圾並將無用的廢棄物推向窮人，甚至可能在一些富人的眼中，窮人就是過剩的廢棄人口。

消費主義對人最大的誘惑，莫過於叫人沉浸在一種追求物質富裕和貪新忘舊的慾望當中。故此，消費商品的生命週期變得短暫，很快就會到期，在消費社會所生產的消費品，出廠不久便會變成過期的廢棄物。

超市不能售賣過期的商品，在消費社會裏，男歡女愛也有期限，而且戀愛的生命週期跟消費商品一樣短促。就好像電影《重慶森林》裏的警察，他以到了最後食用日期的菠蘿罐頭來比喻一份過期的感情。人們在液態社會裏的液態戀情，也許再不會隨便相信天荒地老的諾言，再也不會隨便許下海枯石爛的盟誓，他們卻會為對方設下最後的使用限期。逾期的愛，就只好成為愛情廢品，拋諸腦後，液態戀情絕對容得下舊愛新歡的不斷流轉。原本於聖經中歌頌的恆久忍耐的愛情觀，在液態社會裏也變得煙消雲散。

我們或會這樣宣告：世界縱然改變，上帝是永恆不變。然而，如果我們所講的只是柏拉圖二元論式的「永恆」，那麼，這種「永恆」只會跟「時間」對立，這種「不朽」只會跟「變化」抗爭。於是，我們的末世觀説，上帝只會毀滅世界，天堂只會吞噬人間，最終這個人間世界，原來仍是上帝要清理的廢棄物和垃圾場。

福音卻是如此：本是堅固磐石的上帝，竟成為血肉之軀，更取了奴僕形象。道成肉身，打破了「永恆」與「時間」的對立，也瓦解了無所不在的廢棄幽靈。耶穌豈不是説過：他來本不是召義人，乃是召罪人（廢棄生命），使原本廢棄的生命成為新造的人。上帝也不是將世界看為廢棄物，任它煙消雲散，而是以信實和永恆的愛來將天地的一切從舊更新（參啟二十一5）。

Today's Specials

# 第二部

# 中產部族迷思

HongKong MiddleClass

# HONG KONG MIDDLE CLASS

# 窮忙族——窮得只剩下忙碌

當香港逐漸成為經濟全球化下一個重要的國際金融中心，以及不少有錢人坐享香港經濟發展的成果時，有沒有想過有多少人被逼淪為被工作奴役的「窮忙族」？據日本經濟學家門倉貴史的分析，「窮忙族」的成因正是跟經濟全球化所造成的激烈競爭有關：為了降低成本，雇主自然容易對雇員造成不公平的剝削。事實上，「窮忙族」已逐漸成為日本這類富裕社會的一個新興階層。

所謂「窮忙族」，是指到一班工時特長，但入息未必足夠負擔基本生活開支的在職貧窮一族。二〇一〇年六月中旬，《星期二檔案》播放了一集關於「窮忙」的特輯，內容主要探討香港正出現了這種社會現象。當中訪問了一位任職廣告公司的年青撰稿員，他經常需要工作至夜深，但四年來月入也只是一萬多元而已。另外，節目亦訪問了一位二十二歲的髮型屋學徒，每天工作十二小時，月入也只是四千至六千元左右。

在 YouTube 有一首頗能反映「窮忙族」心聲的流行歌：「邊一個發明了返工，返到我愈來愈窮。為了薪金一萬元，令每天都沒了沒完，一萬元一萬元一萬元，靈魂賣給了大財團……到了薪金兩萬元，我的青春就快用完，兩萬元兩萬元兩萬元，我有更多事沒法做完。」另外，「香港投訴合唱團」有一首歌同樣反映這種「窮忙」實況：「點解點解永冇收工……到糧尾窮到穿窿……點解香港教育咁差，Fresh grad 出身佢當你笨。夠食夠住四千八，我又要狂做 part time，我仲有一身債。」

馬克思（Karl Marx）在其名著《一八四四年經濟學一哲學手稿》（*Economic and Philosophical Manuscripts of 1844*）中，對勞動所造成人的異化，有十分精闢的見解。他指出，當勞動者耗費在勞動中的力量愈多，勞動者自身的內在世界就愈顯得貧乏，甚至被生產勞動所勞役，因而造成勞動者自我的異化。換言之，當人們的生命幾乎為工作付上一切的時候，保留給自己的就愈少，愈會覺得所付上的一切，好像只屬於雇主或他人，總之就不屬於自己，最終彷彿只為雇主賣命，人生好像只為無休止的工作而活，於是愈來愈感到生命虛空、失落和沒有意義。

由此可見，對被工作奴役的勞動者而言，工作本身已經變成一種外在於勞動者自身的異己行動，它不再屬於勞動者自身生命的一部分。故此，勞動者在工作的過程中只會否定自己，因而更會感到苦惱、壓力和厭煩。於是，我們看到很多人厭倦勞動，逃避工作，因為工作不再是自發和自願的，卻已經變成一種被逼的強制性行動。到頭來，這種異化的勞動，因失去了自身的意義而不能再成為工作者生命的目的，只能淪為工作者為了滿足其他慾望和目的而不能不選擇的手段而已。

「邊一個發明了返工？」答案就是上帝，上帝命令人管理大地。不過，上帝呼召人工作之前，祂自己首先工作——創造天地。但上帝的工作方式有些特別，祂沒有一瞬間把工作做完，卻花上六天的日子。**上帝不趕時間，不走捷徑，不匆忙，不講效率，務求慢工出細貨，並且將第七天定為安息的聖日，停止工作。上帝似乎要親自表明，不能只有工作而沒有安息，亦惟有在慢下來的時間中作息有序，工作才能圓滿。**如果上帝也是如此，為何我們卻總是喜歡跟時間競賽，只會疲於奔命地度過此生？為何忙碌至死的現代城市人，不再喜歡享受「日出而作，日入而息」那種農耕生活所帶來的生活節奏呢？

此外，在創世的時候，上帝照著自己的形像樣式造人之後，馬上給人的第一個召命（calling），就是要求人去管理上帝創造工作的成果（參創一26）。由此可見，上帝刻意將工作跟人有上帝形像這本然的人性連上關係，工作與人性本來二合為一。換言之，工作本應是成全和體現人性的行動，是實現人生的目的。工作原是人類自身生命的一部分，在工作中，人只會肯定自己，只會從中體現人生的意義，只會由此感到生命的喜悅和滿足。

人的工作原本就是上帝給人的神聖召命，本應是人對上帝呼召謙卑順服的回應。可惜後來始祖犯罪，人違背了上帝的命令，人甚至企圖取代上帝而以自我為中心，於是人性的扭曲同時帶來工作意義的扭曲，本來是上帝給人的神聖使命，最終卻變成一種異化和被逼的強制性勞動，工作亦變得以人的自我為中心，工作只淪為謀生和滿足個人成功感的工具，卻忘記了人的工作其實本應只是彰顯和體現上帝自己的工作；當工作逐漸失去了一份榮耀上帝和修理看守大地的使命感，工作最終由於人的犯罪而變質！

# working poor

港式中產

# 窮忙族——忙上癮的荒涼

「窮忙族」的英文名稱是 working poor，本來是用來形容一班超時工作，卻愈忙愈窮，最終可能連入息也不足以糊口的在職貧窮之輩，甚至被認為是富裕社會新興的貧窮階層。表面看來，「窮忙族」一詞似乎不適合用來形容中產人士。不過，如果現今不再以薪金、財富和資產來界定中產，而改以價值思維、生活方式、學歷和職業等元素來定義的時候，尤其在今天這個「下流社會」裏（即社會階層的流動性開始出現向下流動的社會），擁有大學學位、習慣中產生活和思維，卻入息微薄，甚至入不敷支的在職中產人士，其實大有人在。故此，中產窮忙族不一定在意義上有矛盾。

然而，「窮忙族」中的「窮」字，除了意指經濟入息和物質生活的「貧窮」之外，其實也可以用來指到生命上、精神上或心靈上的「貧窮」。也許，仍有不少中產人士工作愈忙就賺錢愈多，因而消費享受愈來愈奢華，物質生活也愈來愈富足。然而，經濟和物質的富裕不代表一切，忙到上癮的中產階層，可能正如王陽明牧師那本書的名字，最終「窮得只剩下錢」，除物質享受和金錢一無所缺之外，其他方面卻可能非常「貧乏」，甚至一無所有。

忙碌的中產一族，首先感到最「缺乏」的應該就是「時間」。「時間」本來不是一種「資源」，不可能像物件般被我們擁有，人和萬物本應只可能栖身於時間中經歷存在的生成變化，因此赫舍爾（Abrsham J. Heschel）說：「惟有時間才是存在的核心……在時間之域中，生命的目標不是擁有，而是存在。」然而，當「時間就是金錢」這句話成為那注重「生產力」（productivity）的資本主義社會的金科玉律的時候，「時間」便會完全被工作和生產所佔據，於是「時間」不但變成一種「資源」，那被商品化的「時間」，甚至逐漸成為一種稀有的「經濟資源」，「時間」只能不斷為滿足人的佔有慾而出賣自己。

忙碌的中產基督徒也不能例外，超時工作固然奪去閒暇，勞累的生命自然無法得享安息，忙上癮的人更不可能在時間中享受與上帝、與自己、與他人、與世界的共在和感通。結果，現實上見到不少以事業為重、日忙夜忙的

中產父母，在子女的成長路上無奈地總是缺場而不能相伴同行。又見多少已賣身給工作的忙碌信徒，沒有時間在教會事奉已不在話下，甚至連在安靜中靈修祈禱、默想聖言、等候上帝，也成為非常奢侈的事情。在忙碌至死的生活中，眼中可能只有做不完的工作，心中可能只會追逐那份無休止的、來自業績的成功欲求，然而卻對他者和自我的存在，反而愈來愈有一份疏離和陌生的感覺。

盧雲（Henri J. M. Nouwen）説得好，存在比工作更重要。不得不承認，現代人可以耗盡生命在忙碌的工作之上，卻忽視存在的重要性，他們也愈來愈少談使命，甚至有時更會以忙碌的工作，作為逃避使命的借口。難怪盧雲曾説：「處於忙碌中，會使我們遠離我們真正的召命。」真正的召命，就是為別人、為世界而存在。耶穌並非呼召我們忙碌工作，日做夜做，而是呼召我們跟從祂，成為門徒，愛人如己，為他人而活（存在）。

將工作放在人生首位，把事業看為滿足自我成功感而忙上癮的中產信徒們，也不要忘記詩人如此提示：「但其中所矜誇的不過是勞苦愁煩，轉眼成空，我們便如飛而去……求你指教我們怎樣數算自己的日子，好叫我們得著智慧的心。」（詩九十10下、12）

24 hrs
全日

# 飛特族愛自由

在中國傳統儒家以家族倫理為本位的文化薰陶底下，自然衍生出一種以家庭和宗族關係為核心的工作觀。努力工作不是為了子孫而積存遺產，就是為了養兒防老。於是，由此衍生出來的，就是一套重視勤奮、節儉、盡責和盡義務的工作倫理。這種以家族倫理為本位的工作文化，同樣透過中國人喜歡建立家族式的企業反映出來，這無非就是拜「子承父業」這種世襲心態所賜。不過，這亦因此容易形成一種看重「關係」（而且看重的是圍內自己人的「裙帶關係」）的工作倫理觀。這種文化在找工作時尤其顯著，因為老闆在聘請員工時，寧願由熟人介紹，也不習慣公開招聘，最好能夠聘請到親友或同鄉，畢竟自己人更易信任，這種現象在香港五、六十年代時仍非常普遍。不過，由這種重視關係的工作文化衍生出來的，可能就是一種一生為雇主盡忠盡責的倫理精神。

新興的「飛特族」，可說是對上述傳統儒家工作文化的顛覆。飛特族是Freeter 這字的音譯，它是日本人創造的新詞彙，由英文 free 和德文 Arbeiter（即工人）合併而成，顧名思義，Freeter 就是「自由工作者」的意思。飛特族並非一羣不事生產的隱閉青年，他們也會投身工作，只不過拒絕賣身成為工作的奴隸，寧做兼職，隨時轉工，也拒絕被固定的工作縛死，亦不喜歡終

日被困在辦公室受老闆氣。飛特族最嚮往的是不受束縛、自由自主的生活，因此，他們不甘於每天只在營營役役的職場生涯中讓青春虛度。

熱愛自由的飛特族，似乎會以遊戲的態度來看待工作。工作猶如遊戲，無須過分嚴肅、認真、盡責；也不用太過投入、賣命和委身；不再認為終生獻身於惟一的職業是有價值的事情，亦無須堅持工作的延續性和穩定性的必要。短暫工作的終結，亦好比遊戲的結束（game over），可以找一個新的遊戲重新開始，何須介懷，最重要的，還是在短暫過程中擁有的輕鬆快樂的感覺。飛特族這種拒絕對某種固定的生活方式抱堅持的態度，以及容許那種碎片式斷裂和變化流動的後現代精神的呈現，頗為符合鮑曼（Zygmunt Bauman）所講的液態現代性（liquid modernity）的文化精神。

借用鮑曼以「觀光者」的比喻來對液態現代性的分析，觀光者總是以一種抽離的過客身分來看待他的旅遊，他總是會跟路過的地方和途人保持適當的距離，因為惟有這樣，才能繼續向前邁進，畢竟觀光者的生活核心，乃是不斷短暫的去留和移動，而不是作終點站式的長時間定居。飛特族似乎也用觀光者的態度來看待工作，他們同樣要在工作中保持流動性，固然不會希罕穩定的長期工作合約，亦不願意把一份工作變成終身職業。他們也絕對不會輕易對任何職業或雇主作至死不渝的宣誓效忠，也不會以將來終生事業的理想，作為現今當下生活的抵押。

飛特族這種崇尚自由流動和短暫生命週期的工作文化，固然也跟資本主義社會的經濟結構轉型有關。當社會還停留在「固態現代性」時代，依然有可能強調家族企業的長久跨代性，以及工人長期委身、甚至終生受雇的制度。一旦進入「液態現代性」時期，由於液態社會的經濟自由市場和勞動力市場最講求的是靈活多變，於是一般都會以短期合約的方式，以維持勞資雙方的短暫工作關係。由此可見，「液態現代性」中的流動、快速、混亂、鬆散、變化和不穩定這些特性，是一種分化個體與個體之間關係的強大力量。

# 隱蔽的尼特族

「尼特族」是 NEET 的音譯，而 NEET 就是 Not in Education, Employment or Training 的簡稱，這個詞彙最早於英國使用，泛指賦閒在家無所事事的年輕族羣，類似香港的「雙失青年」。他們不但是失學和失業的一羣，而且連接受職業訓練的意欲也很低，對工作和學習缺乏興趣和動力。當然，香港的雙失青年未必不想工作，可能只是人浮於事，於是惟有無奈地接受自己的「雙失」。

尼特族因失業而未能經濟獨立，便惟有躲在家裏過活，繼續倚靠父母在生活上的照顧和在經濟上的支援。所以，在美國又稱為「歸巢族」（Boomerang Kids），在中國大陸則稱為「啃老族」。

也許，在不少戰後嬰兒潮那代中產成年人的眼中，這一代年輕的尼特族，意志薄弱、不事生產、好逸惡勞、待人處事得過且過，不像他們那代人般做事有衝勁、有計劃、做人有責任、有目標、意志堅定、肯做肯捱、勤奮拼搏。亦由於尼特族長期無所事事賦閒在家，於是他們更擔心這代人容易變成足不出戶的「御宅族」、「電車男」，或者成為「家裏蹲」的隱蔽青年。結果，這班青年會變得性情孤癖，不喜歡社交生活，欠缺與人溝通相處的技巧，終日只會沉迷於動漫電玩（ACG）。

在學業和事業上已經一事無成，就連結識異性的能力也欠奉。若從一般中產的核心價值，即以成功的事業和家庭作為人生成就這種核心價值來衡量，尼特族的人生就顯得非常失敗，我們亦會明白到，為何社會甚至以「家裏蹲廢柴」來形容這班隱蔽青年。

然而，由本來善意的擔心，到帶著有色眼鏡的貶義定型和負面標籤，甚至轉為惡意的批評，不但會使這班年輕人的面目更為模糊，更會因而加深了社會對他們的誤解和偏見，同時亦簡化甚至曲解了整個問題和現象。首先，尼特族不一定就是只會蹲在家裏沉迷動漫電玩的御宅族，御宅族也不一定就等於是電車男或隱蔽青年。再者，我們也不應單純以貶義來界定御宅族，因為御宅族的原意，乃是指到一班對動漫電玩不只瘋狂熱愛，而且對這方面有深入研究和具備專業知識的族羣，而努力進取和主動創作，更是原初的「御宅」精神，所以在本質上，他們跟一些對攝影或紅酒的學問有研究及著迷的中產成年人，其實可能分別不大。

同樣，我們也不應該為香港的尼特族或雙失青年隨便貼上負面的標籤。

試問，有誰生下來就喜歡「雙失」？難道我們那種鼓吹「優勝劣敗」和「讀書只為求分數」的教育制度，可以對尼特族因失學而導致一事無成的後果完全置身事外？難道我們這個表面高舉公平自由競爭，實質是充滿壟斷剝削的所謂「自由經濟市場」，對尼特族的失業可以不用負責麼？當我們一羣中產成年人，只管責怪雙失的隱蔽青年虛耗光陰和毫無理想的時候，試問那套只講經濟發展和務實功利的中產價值，豈不是一早也把理想主義拋諸腦後麼？如果說只悶在家裏的尼特族生活單調，缺乏活力和朝氣，試問我們這個只求經濟成就、安逸穩定、害怕革新和貶抑多元價值的社會，豈不是同樣沉悶和枯燥無味嗎？當這個社會以不事生產和好逸惡勞來定義和批評尼特族的失敗時，是否也反映了我們將高生產力和事業有成這種單一的中產核心價值，當作偶像般過度地崇拜呢？

# 草莓族與港孩

「草莓族」一詞，出自台灣作家翁靜玉於一九九三年出版的《辦公室物語》，當時只是用來描述台灣一班三十歲以下青年人的工作價值觀和職場心態，這詞彙原本不帶有貶義。然而，經過社會大眾議論紛紛的分析批評和媒體的炒作之後，今天這名詞卻已普遍地成為在富裕社會內（不少生於中產家庭）成長的一班「八十後」及「九十後」年青人的負面標籤。

固然，草莓族跟那羣「激進搞事」的八十後（同樣是成年人隨便給予的負面標籤）完全不同，他們不但不會參與政治、不會關心社羣、不會主動出擊、不會堅持抗爭；反而往往不堪一擊、意志薄弱、抗壓性低、消極被動、看重個人利益先於社羣福祉。

顧名思義，這一新生世代，猶如草莓一樣，徒具耀目亮麗的外表，裏面果肉卻質地柔軟，稍為用力施壓一捏就抵抗不住，爛成一團稀泥。在不少成人眼中，草莓族雖然一身光鮮艷麗的名牌服飾打扮，但未必真正有內涵，過度的自我中心導致他們不易合羣，自尊心過高容易令他們情緒低落。不少草莓族空有驕人的學歷成績，卻嚴重欠缺待人處事及解決問題的實際能力。可能由於在溫室長大，因此往往經不起現實世界風吹雨打的考驗，抵抗逆境和抗衡壓力的能力特差，結果變成容易受傷的「草莓」。

繼「港男」、「港女」之後，香港潮流又熱哄哄地談論「港孩」；其實，草莓族就是港孩的延伸。事實上，不少港孩擁有類似草莓族的性格和行為特徵，他們同樣擁有「三低」（即「自理能力低、情緒智商低、抗逆能力低」）、「三無」（即「無反應、無禮貌、無責任感」）和「三弱」（即「主動性弱、忍耐力弱、社交能力弱」）。對他們來說，上網和電玩可以身手敏捷，反省和思考卻表現得非常遲鈍；渴望被注意，卻不懂關注別人；生理成長和外表打扮愈來愈早熟，但心智發展卻愈趨幼稚或出現遲熟的傾向。如果港孩是高齡嬰兒，草莓族就是超齡港孩了。

**如果「港孩」真的是一個令人擔憂的問題，問題的癥結卻未必在孩子身上，因為其實有怎樣的社會，就有怎樣的父母，有怎樣的父母，才有怎樣的孩子。**當這個社會一窩蜂地單以學業成績為重，以入讀名校為最重要的教育目標和最大成就的時候，就會繼而明白到，為何子女生命中其他方面的培育相對被輕視，亦明白到很多「愛子心切」的父母，為何可以為孩子打點一切大小事務，以致令他們能夠專心為學業成績而作戰了。

故此，不少人同意「港孩」的出現都跟「直昇機父母」（helicopter parents）的存在有關。意思是，父母太過溺愛和呵護兒女，放心不下，願為他們貼身打點一切，就像直昇機一樣，由早到晚都在子女上空偵察盤旋，隨時作好準備，要下去伸出援手，或解救他們於危難之中。這種心態，尤其在中國人的母親中最為常見，這也許跟傳統文化對母親這性別角色有額外的要求和期望有關。做母親的，自然便有一種無形的心理壓力，惟恐做得不夠、做得不好，於是只好甚麼也替孩子做，甚至以此來肯定自我身分的存在價值。

固然，港孩現象是否真的有普及化的趨勢仍難確定，而且把中產家庭的孩子都當作港孩，又未必與現實相符，亦不公平，何況生產港孩也非中產家庭的專利，有些基層父母亦樂此不疲。

無論如何，兒女最需要的未必是父母貼身的呵護，而是對整體生命的貼心管教。

# 丁克族——不要孩子要貓狗

丁克族是 DINK（Double Income No Kids）的音譯，指的是夫婦二人都出外工作，他們多數屬中產階層，有兩份頗為優厚的收入，卻不想生孩子，過著自由自在的二人世界生活。

丁克族不想生孩子的原因很多，亦因人而異。有些人根本就不喜歡跟小朋友相處；有些人覺得養育子女是非常龐大的投資，當中的經濟壓力實在不容輕視，他們不願一生背負兒女債。當然，除了經濟狀況的考量外，為著子女的身心靈成長，父母還需要付上極大的心力，不少人恐怕自己承擔不來，不如索性逃避；有些夫婦亦可能以工作為重，不願為了生兒育女，而妨礙其事業發展；有些人甚至可能由於對自己身處的社會（例如教育制度等）感到非常失望和缺乏信心，寧願選擇不生育，也不願意目睹下一代在這個失敗的社會中存活。固然，現代人對婚姻觀念的轉變，在同居或離婚愈來愈普遍的現況下，將會有更多人不會隨便生孩子。

當然，我們還可以繼續列出丁克族不想生孩子的其他理由，但從上述的原因看來，似乎他們都有一共通的想法，就是愈來愈感覺到生兒育女是一種束縛、是一種沉重的壓力和負擔，何況在今天高舉自由自主的社會風氣底

下，幾乎任何事情都可以有自己的選擇權，還有誰會認為繁衍後代是每一對夫婦必須要履行的道德責任？

然而，聖經的確如此記載，上帝按其形象樣式造男造女之後，跟著就賜福給他們，並吩咐他們生養眾多（參創一27～28）。儘管我們不必將經文詮釋為上帝給每一對夫婦都必須要遵循的普世律令或誡命，但聖經畢竟已為我們（起碼是基督徒）提供了一套另類的價值觀。

原來，作為具有上帝形象樣式的人，他們同時就是被上帝賦予管家與父母這兩種身分的存有（being），而管理大地和生養眾多，自然就是從這兩種身分衍生出來的神聖天職和使命（act / mission）。或從另一角度來看，這恰好就是在實踐這兩種道德責任的時候，就正可真實反映那按上帝形象樣式被造的人性。換言之，有上帝形象樣式的人，不應該只是為自己而活（being-for-myself），而應該是負責任地（responsibly）為世界和他人而活的存有（being-for-others）；事實上，這樣地存活也是對上帝給予的召命的回應（response）。

何況，在猶太人的信仰傳統內，能夠生育兒女一直被視為上帝的祝福，

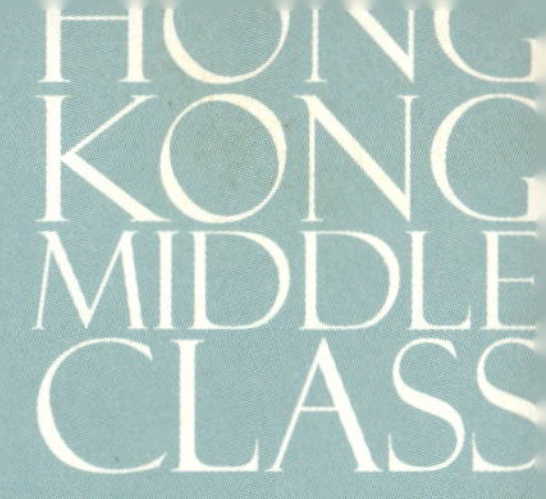


更是上帝跟亞伯拉罕立約的應許。

然而，不少現代人卻認為，自由自主才是人生最大的祝福，於是丁克族一方面決意不生孩子，繼續過著二人世界自由自在的生活；另一方面，他們卻跟隨潮流，養貓養狗，不少丁克族實行與寵物同居，彷彿將愛心完全投射在牠們身上，視寵物如同己出的子女，藉此填補需要對他者生命付出愛心的心理欲求。

由於一般的丁克族都屬中產，因此有經濟能力為寵物提供最優質的物質條件。有熱愛研究犬隻美食的人，可以專為犬隻出版《愛犬私房菜》的食譜。除了營養豐富的正餐食糧之外，寵物也有健康小食，例如含豐富Omega 3&6及具天然抗氧化物質的無糖維他餅和薄餅，又或含豐富Omega 3&6及適量蛋白質的鮭魚、鱒魚、火雞肉條；每逢過時過節，還會有專人開班教授狗主為寵物炮製三文魚冰皮月餅。除此之外，寵物跟人一樣，也可享用各類保健產品，如適合患關節炎的年老貓狗使用的關節補充片和補充劑；能迅速解除關節痛且滲透力特強的關節止痛露；幫助寵物消除口臭和身體異味的磨菇除臭片，以及有效增強免疫力，促進腦部、心臟、血管、皮膚、眼睛和關節健康的無腥味野生三文魚油等。不過，這樣的優厚待遇，一般只為名種寵物而設。

事實上，有多少時候，我們見到丁克族會拖著一頭被人遺棄、身體傷殘的流浪狗或平平無奇的唐狗在街上漫步？誰說在寵物界中沒有種族歧視？誰說丁克族對寵物的愛心沒有混雜炫耀或膜拜名牌的消費心態？

廣東道
ON ROAD

# 辣奢族最愛名牌

「辣奢族」取自英文"luxury"的譯音，乃是指到一班狂熱地追求名牌時尚奢侈品的消費者，他們往往抱持這樣的消費哲學——「要麼就是不買，要買就買最好的品牌；品牌的魅力實在沒法擋，最終豈能不買。」

據聞世界級品牌 Hermès 旗下 Birkin 系列手袋，其售價驚人已不在話下，更由於每件產品都由名師工匠親手製作，就算明知在輪候名單內可能等候長達六年，仍深得城中富豪名媛垂青，可見辣奢族對品牌的癡情是可以如此瘋狂。

辣奢族固然不一定是擁有過億身家的富豪，甚至可能只是一個普通的白領職員，只不過對名牌奢侈品情有獨鍾，凡看見喜歡的物品，就不惜一擲千金，甚至不計較花光整個月的入息，甘心淪為「月光族」，最重要還是買到心頭好。

這種崇尚名牌奢侈品的消費文化，通常發生在經濟出現高增長或富裕社會裏，辣奢族往往是經濟發達社會的產物。其發展模式，一般都是由初期暴發戶式的「炫耀性消費」，發展到後期，奢侈品的消費會變成一種無孔不入的生活方式。

要穿著有品味的服裝嗎？自然要選擇 Armani、Burberry、Chanel、Chloé、

Gucci、Lacoste 等高級時尚的品牌；穿鞋嗎？Bally、Ferragamo 等當然是心中首選；手錶嗎？可選擇 Baume & Mercier、Piaget 或 Vacheron Constantin；要去海灘度假嗎？自然想起 Prada 時款泳裝和 D&G 沙灘鞋；至於手袋和皮包，自然非 Hermès、LV 莫屬；想買寢具嗎？試試 Ralph Lauren 的牀單吧；要寫字（尤其在別人面前簽名）嗎？當然要用萬寶龍（Mont Blanc）筆了。

原來辣奢族的奢華消費文化，已逐漸無所不在，而且不知不覺地成為一種生活方式。當名牌奢侈品成為消費者獲取榮譽感、成就感和權力慾的象徵符號時，奢侈品也許會逐漸變成必需品了。

然而，名牌奢侈品的必需性，並不在於其使用價值，由於它已經以交換價值掩蓋並代替了使用價值，而交換價值實際上就是經濟或貨幣價值。因此，辣奢族對名牌拜物教的膜拜，最終亦無法脫離對價格（即金錢）的崇拜，金錢由此成為衡量一切的最高價值標準，金錢主導了一切，一切變得都有一個「價格/價錢」，甚至人也不能例外，豈不見很多城市人正在忙於為自己抬高身價麼？

當辣奢族以奢侈品的價格來衡量自我身分價值的時候，似乎正應驗了盧卡奇（Georg Lukács）所提出的「物化」（reification）觀念。一方面的意思是辣

奢族已被物品所控制，已成為名牌拜物教的忠實信徒，「物」已被偶像化而成為「物神」供人膜拜；另一方面，人與人之間的關係，已逐漸化約為人與物的交換關係，甚至前者成為後者的手段，少女因買名牌消費品而願意援交就是一例。

伊凡斯（David Evans）在《南華早報》的一個專欄內，曾寫過一篇「禱文」來諷刺這種名牌拜物教：

### 一個太太的祈禱文

我們在置地廣場的Armani，願人都尊你的名為聖。
願你的Prada降臨，願你的店在市中心如同在巴黎。
請賜給我們日用的老公金卡，求你讓老公寬恕我們的帳戶餘額，如同我們寬恕他人收取的利息。
不叫我們進入三越百貨，救我們遠離永安百貨。
因為香奈兒、Gaultier、凡賽斯、Dolce & Gabbana，全是你的。
願美國運通卡與我同在，直到永遠。

（轉引自羅哈．切哈（Radha Chadha）、保羅．赫斯本（Paul Husband）著：《亞洲名牌聖教——破解奢華爆炸的密碼》，藍麗娟譯（台北：天下雜誌，2007），頁135～136）

捫心自問，在上帝的名字與商品的名字之間，究竟我們真心尊崇和敬拜的是哪一個名字？我們所渴求的，究竟是商場名店抑或上帝國度臨在我們的城市中間？當辣奢族無法脫離奢華的消費物慾的試探時，耶穌卻有話說：「你們要先求他的國和他的義，這些東西（筆者按：指的是衣食住行等生活所需，而並非指奢侈品）都要加給你們了。」（太六33）

# 99族的煩惱

為何一個入息豐厚的大學教授，仍要詐騙大學的房津？為何一個已經名成利就的醫學院院長，仍要千方百計欺詐金錢？為何那些已經財雄勢大的大地產集團，仍要不擇手段地以「發水樓」這類「陰招」來把錢賺到盡？為何打工一族辛苦拼搏賺到第一桶金，仍要疲於奔命地賺第二、第三桶……為何香港這個社會，總是鼓勵我們不斷擁有物質、不斷累積財富、不斷講經濟增長？

是否在這些人心中，九十九還不是目標？也許東奔西跑，最終渴望能捉住的，還是那一百的「完滿」。豈料可能為著那九十九以外的一，手中本來已握住的幸福，卻已偷偷地溜走，最終剩下的，可能只是煩惱和遺憾。社會最近給他們起了一個名字，稱為「99族」。

據說99族源於一個寓意故事。從前有一個權傾天下、富甲一方的國王，按理他應該生活無憂，但他竟然仍未滿足，尚感缺欠，並因此而經常悶悶不樂。某天，國王經過廚房，聽到廚師哼著歌曲自得其樂，便詢問廚師獲得快樂的途徑。原來祕訣非常簡單，雖然廚師住的只是簡陋茅廬，吃的只是清茶淡飯，但只要每天能與妻兒共享天倫之樂，已感快慰。國王將此事轉告丞相，丞相便建議國王測試一下廚師，他請國王將九十九枚金幣放在一個寫著有一百枚金幣的袋裏，然後把那個袋放在廚師的家門口。廚師回家時發現布袋，好奇地打開來看，發現全是金幣，便喜悅地逐枚金幣點算，但發覺只得九十九枚，數了一遍又一遍，仍欠一枚金幣，廚師心有不甘，便找遍全屋每一角落，直至筋疲力竭，仍遍尋不獲，心情非常沮喪。更不幸的是，自從那天起，廚師的性情大變，經常情緒低落，更容易將脾氣發洩在妻兒身上。想不到僅為了一枚不存在的金幣，昔日一家樂融融的日子卻一去不復返，亦從此再聽不到廚師輕鬆自在的歌聲。其他人看在眼裏，也許大惑不解。但對於國王來說，卻彷彿從廚師身上看到自己的影子，原來大家都是99族。

**99族的煩惱和遺憾，往往來源於永無休止地競逐追求那額外的「一」的慾望，既是慾望，「一」之後自然可再有額外的「一」。然而，最荒謬的是，99族所追尋的「一」，可能只是無實質意義亦不存在的虛無！**

聖經裏亦記載了一個關於錢幣的故事：耶穌在銀庫觀察眾人捐獻的心態，見到有一些財主的確捐了一大筆金錢，但耶穌所稱讚的，偏偏卻是那位投入兩個小錢的窮寡婦，認為她捐獻的甚至比財主更多，因為她已把自己擁有的一切都獻上（參可十二41～44）。

愈富有的99族，腦海裏只有不斷「加」的念頭，只有不斷「取」的慾望，到頭來心靈卻愈執著於缺欠，因而愈顯得貧乏。反而，那些貧窮的施予者，他們卻愈能體悟「減」的人生智慧，愈能實踐「捨」的無私精神，到頭來心靈反而更顯得富足。在「加」與「減」的抉擇之間，所走的卻是兩條不同的人生路。

HONG KONG MIDDLE CLASS

# 布波族——混種新人類

自從布魯克斯（David Brooks）的《布波族：一個社會新階層的崛起》（*Bobos in Paradise : The New Upper Class and How They Got There*）出版後，「布波族」（Bobos）開始成為一個時興的名詞，這個新興社會階層崛起於上世紀九十年代的美國。何謂布波族？布魯克斯如此形容：「這些高學歷的人一腳踏在創意的波希米亞世界，另一腳踩在野心勃勃和追求世俗成功的布爾喬亞領域當中。這些新信息時代的精英分子是布爾喬亞的波希米亞人，取兩者的第一個字，我們姑且稱他們為『布波族』。」因此，「布波族」是名正言順「一腳踏兩船」的混種新人類。

本來布爾喬亞人（Bourgeoisie）和波希米亞人（Bohemian）所代表的是兩種對立的性格、價值觀和生活方式，而後者更是由於對前者的不滿而出現的一個反布爾喬亞的文化階層。然而，在現代這個重視信息、創意和文化資本的知識經濟型的資本主義社會裏，布波族卻似乎成功地將兩種對立的文化階級合而為一。這族羣一方面注入了波希米亞人富浪漫感性和充滿創意品味的文化及藝術情調；另一方面，他們又不會否定布爾喬亞階級對組織秩序和經濟成就的崇尚。因此，一般具有較高學歷和專業地位的布波族，可說是波希米亞式的布爾喬亞一族。布魯克斯形容，布波族這一新精英階級所偏好的詞彙包括：「真實、自然、溫暖、簡樸、簡單、誠實、有機、舒適、手工藝、獨一無二、感性和真誠。」

布波族除了是布爾喬亞人和波希米亞人的混種之外，也可算是上世紀六十年代嬉皮士（Hippies）和八十年代優皮士（Yuppies）的混種新人類。他們一般擁有優皮士心目中的理想專業，如醫生、律師、建築師、會計師、設計師、IT人、財經專家等；他們喜歡過優皮的生活，願意花錢消費，崇尚物質享受，講究生活品味。不過，他們又多少流露出嬉皮士那種崇尚自由、獨立、脱離主流傳統和批判權威的自主性格。

在香港，似乎有愈來愈多形似布波族的中產人士出現，在生活方式和消費哲學上，他們好像具有布魯克斯所形容的外貌。**不過，布波族最重要的內在特徵，應是波希米亞人那種富藝術創意感的文化格調。試問，一向重經濟、務實、穩定、短視、愛走捷徑的香港中產人士，究竟他們真正能夠發揮多少創意？究竟有多少人真的擁有較深厚的文化內涵和藝術情調？**當布波文化傳到香港時，電訊公司 SUNDAY 也曾贊助出書 *How to Be a BOBO in 7 Days*，教香港人如何在七日內速成布波族。無疑，飲雞精、走捷徑、開速成班，向來都是香港人的強項，可惜最終多數也只是形似而神不似。究竟布波族在香港只會是一股新興卻短暫的潮流文化，抑或真的可以成為社會上一種人文精神發展的新趨勢？看來還要拭目以待。

# 布爾喬亞性格

「布爾喬亞」（Bourgeoisie）這字的詞源，跟中世紀的「莊園」或「城堡」有關，本來是指到一羣當時為了逃避戰亂頻仍的生活，於是移居社會及經濟秩序相對比較穩定的莊園或城堡內的居民。可以說，這跟香港的中產階級那追求穩定生活的價值觀有點相近，香港中產（尤其戰後嬰兒潮一代）的其中一個特徵，就是喜歡在現存制度中，按部就班地為自己及家庭計劃將來，並穩步向前地建立安定舒適的生活。當然，若要維持這樣的生活方式，自然就需要有穩定的工作和收入，更重要的就是穩定的社會環境。

居民在莊園或城堡住了一段時間之後，生活不但富裕起來，亦開始就近一些政治及宗教權貴，他們逐漸擁有能影響社會的政治及經濟權力。從十一世紀開始，意大利的商業活動迅速發展，美第奇（Medici）家族不但開設銀行，更一手操控佛羅倫斯的金融及商業活動，成為歐洲初期最有影響力的布爾喬亞。就好像香港的資本家，他們不但一手操控支配香港經濟命脈的生殺權，一旦官商勾結，更能間接影響和改變香港的政治生態。

布爾喬亞跟資本主義歷來就有著千絲萬縷的關係，因此布爾喬亞又被稱為「資產階級」。對馬克思（Karl Marx）來說，在資本主義社會裏，由於資產階級擁有生產工具（如生產原料、廠房、機器等），因而掌握了主宰勞動階層的經濟權力，無產階級為了生計，必須替資本家工作，以勞動力賺取薪金，換來生活所需。但資本家的天職就是爭取最高的利潤和累積財富，於是往往透過壓迫和剝削的手段，勢必將勞工的工資盡量壓至最低的水平，因而從中獲利。故此，馬克思認為，資產階級和無產階級在本質上經常處於敵對衝突的生產關係之中。正如香港的勞工團體，多年來爭取最低工資和最高工時的立法之所以困難重重，最大的阻力，就是來自那一羣在經濟上屬既得利益者的商人和資本家。

當然，布爾喬亞階層其實也會呈現出不同的面相。在今天貧富懸殊愈趨嚴重、中產階層逐漸往下流動的M型社會裏，小資產階級或中產階級可能也自身難保，最終亦變成受大商家壓迫和剝削的一羣。況且，在老一輩的中產階層當中，他們更自認擁有一些布爾喬亞的美德——如理性、節制、誠實、秩序、克勤、克儉、謹慎、毅力、準時、謙遜、率直和腳踏實地。

**如果布爾喬亞文化代表的是一種追求穩定價值觀和自我掌控的安全感，那麼，活在資本主義社會內的基督門徒，他們所要塑造的更大美德，可能反而是亞伯拉罕那漂泊不定的人生旅途中其依靠上主的憑信冒險。**

如果布爾喬亞活現的是一種不斷要滿足自我的權力和財富慾望，以及追求對他者壓迫剝削的階級意識，那麼，耶穌以下的聖言：「你們中間誰願為大，就必作你們的用人；誰願為首，就必作你們的僕人。正如人子來，不是要受人的服事，乃是要服事人，並且要捨命，作多人的贖價」（太二十26～28），也許就是對這種自我中心和不平等的階級意識最有力的批判。

# 波希米亞文化

「波希米亞文化」是十九世紀法國人對四處漂泊而具浪漫情懷的吉卜賽人（Gypsy）的文化聯想，用來稱呼一羣反傳統生活風格的文人和藝術家。自從穆爾格（Henri Murger）的著作《波希米亞人的生活剪影》（*Scenes de la vie de Boheme*）大受歡迎後，「波希米亞文化」便開始受到注意，而普契尼（Puccini）的著名歌劇《波希米亞人》（*La Boheme*）便是從穆爾格這部作品中取得靈感。

普契尼這齣歌劇反映了「波希米亞文化」的特徵。劇中四名男主角分別是詩人、畫家、哲學家和音樂家。他們共同住在巴黎一間破舊的公寓內，生活潦倒貧困，甚至淪落到打算要把剛創作好的手稿當柴燒掉來取暖，雖然如此，他們卻仍然苦中作樂，玩味人生。歌劇其中一條主線，描述詩人魯道夫（Rudolf）和繡花女咪咪（Mimi）的浪漫愛情故事，當魯道夫初遇這位夢中情人的時候，有一段精彩的曲詞最能反映「波希米亞」的精神：「我如何生活？就這麼活。在我不經意的貧窮裏，我寫詩句和情歌，構築夢想和空中樓閣，我擁有百萬富翁的靈魂。然而卻遇到了兩個賊，偷去我生命中的一切珠寶，這兩個賊是一雙美麗的眼睛，它們剛剛隨著你進來。」

如果說，十九世紀的布爾喬亞中產階級乃是以商業和經濟的成就為榮，並且以個人的工作成就和社會聲望為人生目標的話，那麼，波希米亞文化人

則是一羣批判當時十九世紀布爾喬亞階級意識形態的人，他們徹底地反對十九世紀初期的經濟精英制度，且在生活上刻意不遵循當時中產階級的禮儀規範，甚至以唾棄中產階級所代表的價值觀為樂；正如法國作家福婁拜（Gustave Flaubert）所言：「唾棄中產階級是智慧的開端。」

波希米亞人對商業和經濟不感興趣，卻熱中於文學和藝術；他們心目中最理想的終身職業，就是成為詩人、文學家、畫家、音樂家。他們厭倦營營役役的工作，喜歡過著與世無爭、遊戲人間、簡樸無華的生活，甚至安於無所事事地浪費光陰，或甘於成為到處漂泊的遊子浪人。波希米亞人看富貴如浮雲，視功名如糞土；不追求物質享受，更拒絕奢華宴樂；輕視物質與肉體，看重精神與靈魂；不在乎事業有成，只在乎理想實現；討厭務實與功利，嚮往浪漫與夢想；輕忽理性秩序及官僚制度，崇尚情感變化和奔放自由；抗拒保守，講求創意；不愛依循常規，不受傳統約束，時刻展示野性不羈與批判反叛的性格。

然而，波希米亞文化人那種反叛不羈的性格，有時卻因為過了頭而會有一些較為激進的行徑。例如，達達主義（Dadaism）畫家域特（Hans Richter）曾聲言：「我們想要創造一種新的人類，不受理性、陳腔濫調……以及過去種種桎梏所束縛。激怒大眾就是我們的基本原則。」波希米亞文化，彷彿逐漸成為一種反主流、反傳統的反叛代號。

**香港大多數務實的中產階層，其實跟真正的波希米亞文化人的價值觀和浪漫的生活態度相距甚遠。沒有夢幻、沒有理想的人生，不但枯燥乏味，更可怕的是生命流於空洞和淺薄。也許，我們真的需要波希米亞文化，以致能對我們中產意識形態作出某程度的顛覆和反動。**

RECREATION CLUB
樂會

# 第三部

# 港式BoBo迷思

## HongKong MiddleClass

# 迷思一

# 知情·識趣

# 中產知識分子往哪裏去了？

按傳統的看法，理想的知識分子，應該是熱愛知識、獨立思考、追求真理的時代先知；也是勇於批判、承擔使命、維護公義的社會良心。

隨著大學教育的普及，在香港的中產階層中，愈來愈多人擁有碩士及博士學位，在各行各業中成為高學歷的專業精英。然而，這就是否等於他們必然具備傳統知識分子應有的氣質、學養和使命感呢？香港的情況是否如富里迪（Frank Furedi）所質疑的——傳統意義下的知識分子往哪裏去了？（Where have all the intellectuals gone？）

**香港聲稱已成為「知識型社會」，並發展「知識型經濟」，可能這正是傳統意義下的知識分子逐漸在香港減少的其中一個原因。**由於在不少香港人心目中，「知識型經濟」的重點不在於知識，而是在於經濟，「經濟發展」才是最重要的目標，於是香港的高學歷精英分子所追求的「知識」，只能淪為「經濟發展」（謀生或賺錢）的手段或工具，這豈不就是富里迪所批判的知識的工具主義麼？基於此，在發展「知識型經濟」的社會裏，知識主要為經濟服務，知識是否被重視，主要在乎能否在它身上衍生可觀的經濟價值。於是，我們與其說關心或尊重知識產權，不如坦白承認，其實所關心的是專利權背後專享的經濟利益吧！當「知識型社會」鼓吹公眾不斷進修和終生學習的時候，難道真的只是為了滿足求知慾和熱愛真理本身麼？說到底，這可能只是透過提高學歷和裝備實用的知識技能來提升競爭力而已！

然而，科塞（Lewis Coser）站在傳統的立場，主張真正的知識分子「應該為思想而活，而不是靠思想生活」。當知識分子為思想而活，純粹以智慧和真理作為畢生追求的目標時，他們才會不斷深化知識，愛慕更深奧的智慧。相反，一旦知識分子被職業化、專業化和商業化，他們便只靠思想或知識而謀生，並只會將學問還原為大眾均可易於明白和操作的技藝或工具性知識，正如富里迪所言：「知識常常被定義為易消化的現成品，能夠被『傳遞』、『分發』、『出售』和『消費』。」於是，那些深奧難明和欠缺實用價值的學問，只會愈來愈不受歡迎，為了遷就大眾，只好將知識變得愈來愈膚淺，但所鼓吹的，其實是一種媚俗的平庸文化。

按富里迪的講法，這種知識平庸化的現象，同樣能在現今流行的政治文化中反映出來，他稱之為包容政治（politics of inclusion）。今天的政客，為了包容或吸納更廣泛普羅大眾的選民，於是不再講求高質素的理性政治辯論，只重視政治化妝術和宣傳表演的策略，為了遷就大眾和迎合市場的需要，只好降低對知識水平的要求，甚至不惜譁眾取寵。不過，他說這樣做卻會帶來社會弱智化、文化兒童化及崇拜平庸主義的後果。於是，雖然社會裏教育程度高的人愈來愈多，各行各業也許亦充斥著高學歷的精英分子，但實際上，社會可能愈來愈反智，民智亦可能愈來愈低。社會的平庸主義，始終還是拜市場主義和工具主義所賜。

布波族已為自己塑造了一個新知識分子的形象，既要做生意，不鄙視商業市場；又重視文化知識和創意，還願意承擔社會責任。不過，這難免會將深奧難明的知識變得稍為淺白和大眾化，但似乎總比富里迪筆下那個欠缺人文文化，以及只對物質和日常事務感興趣的「庸人」（Philistine）優勝。

# 布波<br>新知識分子論

按布魯克斯（David Brooks）的觀察，美國的布波族並非那種傳統生下來就是貴族的上層精英分子，而是倚靠普及的大學教育，並憑著個人努力，成為新興的高學歷精英階層。

而且，以往擁有碩士及博士學位、仍屬少數的傳統知識分子，多數會在大學裏任教或做學術研究，但今天擁有高等學位的布波族人數已愈來愈多，不少具有碩士及博士學位的布波族，任職於各行各業（如商界、政界、傳播界和出版界等），這意味著已打破了知識分子只任職於教育及研究機構的局限，這階層與各行業之間的界線已逐漸模糊。

高學歷知識分子滲透各行各業的現實情況，其實也跟布波族本身喜歡把表面上矛盾對立的事物融合為一的性格不謀而合。以前離羣索居的波希米亞知識分子，根本就完全抗拒布爾喬亞商業文化的入侵，認為一旦沾染商業味，就會貶低知識分子的身分和尊嚴。昔日的人很難想像，今天的社會竟然會用「知識型經濟」、「創意產業」這類名詞，將精神文明和經濟市場兩個不同的領域合而為一，打造了一羣一半是哲人或藝術家、另一半是活躍於政經界的混種新知識分子階層。高學歷的布波族，無疑塑造了一種新知識分子的形象。

由於布波族已經以資本家的方式來看待知識分子的身分和事業，於是無可避免會將思想和知識視為他們追求市場利潤和爭取地位名聲的財產或資本。布魯克斯借用了布赫迪厄（Pierre Bourdieu）

的「象徵性交易經濟」理論，來分析布波族知識分子究竟以何種策略，去運用他們的資本往上爬和獲取最大的利潤，這些資本包括學術和文化資本（如學位和專業知識）、語言資本（使用語言的能力）和象徵性資本（如知名的學術獎項）等。簡而言之，若想成功，最重要就是懂得利用以上的資本來包裝形象、推銷自己、吸引羣眾的注意。對布波族而言，單講內涵、只重實力的傳統知識分子形象已經過時，今天已是一個講形象、重包裝、擅於表演（做秀）的年代，而且做秀一定要做到出位，才能先聲奪人。

高哈伯（Michael H . Goldhaber）提到「注意力經濟」（the attention economy）這觀念時指出：「在新經濟下，注意力本身就是財產。」諾貝爾經濟學得獎者西蒙（Herbert Simon）亦說：「隨著信息的發展，有價值的不是信息，而是注意力。」現今這個信息及網絡的年代，就是注意力時代。因此，未來經濟的競爭就是關乎注意力的眼球之爭。活在注意力經濟年代的布波族知識分子，也許最重要的就是學懂一套做秀的政治和經濟學。

事實上，現代社會的政客講求包裝，政治就是一場表演；傳媒追求出位，新聞就是一堆譁眾取寵的炒作；運動員一定要搏出鏡找商機，奧運就是四年一度炫耀國力的「大 show」。

當然，在布魯克斯心目中，布波族新知識分子未必是一班只重包裝、徒具外表的不學無術之輩。若以現今常用的一個術語來稱呼他們，有些人可能就是一羣經常在報章上寫專欄、上電視或在電台演講的「公共知識分子」。布魯克斯甚至認為他們的貢獻比傳統的知識分子更大，因為他們並非只困於象牙塔內閉門造車，徒作抽象推理的紙上談兵，而是透過投入現實社會生活的體驗去獲取一種實務性的智慧。

brunch
&
wine ★ lounge ★

# 布波族的心靈世界

布波族既懂得享受有品味的物質生活，同時又愈來愈重視精神和靈性的培育。這班高學歷的中產階層，由於逐漸有興趣探索自己的心靈世界，亦樂於發掘和了解宇宙人生的意義和奧祕，於是一些比較大眾化的哲學、宗教、心靈書籍或講座課程，在這個高度物質化的社會裏反而有一定的市場。

布魯克斯（David Brooks）用「彈性正統」一詞，來形容布波族心靈活動的混合特徵。意思是，他們一方面堅持要擺脱來自外在權威的束縛，繼續實現理性自主和平等的理想，拋棄僵化的傳統而不斷追求變化和革新，擴張自我實現的人生目標，擁抱個人主義的意識形態；另一方面，過度的自由放任，也許又令他們容易覺得生命好像四處飄盪而無法安頓，甚至有可能陷入無政府混亂狀態的危機。故此，他們在嚮往心靈生活的自由和彈性之餘，又重新渴望有限度的回歸正統和制約，對布波族而言，心靈的世界理應也是一個有秩序的世界。於是，他們願意將精神生活植根於嚴謹的法律制度、合理的社會規範或現實的社會關係。

布魯克斯又形容布波族這種心靈探索的本質，乃是一種既想自由自在又要落地生根的慾望。自由和秩序兩者不一定對立，秩序也不等於大一統的霸權，而是對彼此自由的尊重而帶來的包容所呈現的和諧關係。故此，個人化的多元主義就是實現這種心靈生活的基礎。

從回歸正統的角度而言，布波族肯定道德的正面價值，他們同意追求良善絕對是應當的，不過同時必須承認每個人追求和獲致良善的方式可以不同，人世間並非只有單一的哲學或宗教的價值體系，亦沒有惟一的救贖途徑，因為世界本身就是複雜和多元的。正因如此，社會需要賦予人更大的空間和自由，好讓每個個體以不同的方式（如瑜伽冥想、催眠、五花八門的心理治療和另類療法）去釋放自己心靈的潛能，以及開拓和探索充滿奧妙的心靈世界。也許，現今是追求心靈個人主義或利己的心靈快樂主義的盛世時代。

然而，在這種個人化的多元主義基礎下，去追求不斷超越的心靈高峯經驗和探索心靈的自由，無可避免地，人生又會落入一個無休止的多元選擇的過程之中，這亦意味著我們永遠無法捕捉一套所謂正統的價值和真理，並再次跌落那種生命好像四處飄盪而無法安頓的無根狀態。

布波族對這種危機是有醒覺的，所以他們又倡議回歸一些舊有傳統的秩序和價值觀，由此便明白為何他們的生活品味處處流露懷舊的色彩，以及為何他們喜歡回歸一種原始和簡樸的生活方式，並選擇在一個重人情味、能體現社羣關係的小型社區中生活，甚至他們樂於過宗教的生活。當然，他們仍然堅持不會只委身於一種所謂正統的宗教和真理，他們看重的絕不是上帝的啟示和教會的教義，在個人化的多元主義主導下所實踐的「彈性正統」，自主和自我實現仍然是布波族心靈活動的核心。他們重視社羣關係，其實最終可能也只是一種利己的手段而已。

相信沒有人不嚮往生命和心靈的自由。昔日以色列人在埃及過著被奴役的生活，他們的哀聲達於上帝，上帝便差遣摩西帶領他們出埃及，使其從奴役中得釋放、享自由，並浩浩蕩蕩的向著迦南這上帝應許之地進發。這四十年漫長的曠野旅程，同時也是上帝要以色列人經歷的心靈之旅，上帝不但要他們肉體上離開埃及這為

K11
K11

奴之地，更盼望他們在靈性上能真正出埃及得自由。在一望無際、視野廣闊的曠野路上，上帝給予以色列人很大的空間。自由確實需要空間來營造，心靈需要空間，靈性才得自由。

不過，在上帝的心目中，人的自由絕不等於擺脱一切外在權威束縛的自主和放任。基督徒的自由，原來是很弔詭的。真正的自由，恰好就是不要過度自我和執著，愈能放下，愈不執著，愈將自己生命的主權交給上帝，生命就愈有空間；人愈願意放手被上帝引領前行，人生就反而愈有方向；人愈順服愈信靠上帝，反而就愈能享受來自上帝的安息和自由。這豈不就是上帝在曠野旅程中，頒布律法、興建會幕、雲彩引路、供應鵪鶉嗎哪、命令以色列人守安息日的心意麼？

當以色列人身處荒野，彷彿四十年過著到處漂泊、無家可歸的流浪生活的時候，人生好像處於進退兩難的迷惑和無根的狀態，人最感憂慮的，可能就是生命因無法安頓而帶來的不安。誠然，自由流浪的旅人，最終還是需要回家，惟有回家，生命才得到休息和安頓。因此，迦南應許地就是他們遙遙在望的家鄉，可惜最終他們不能進入迦南美地，不能徹底出埃及，生命仍被自我中心和放任的罪性束縛，因而不能享有真正的自由。原因就是他們對上帝的不信：「他們不能進入安息是因為不信的緣故了。」（來三19）

其實，不一定要進入迦南才算進入上帝的安息，迦南只是代表「安息」的一種象徵。事實上，在四十年曠野漂流的旅程上，上帝本來的心意，就是希望透過守安息日的誡命、雲彩引路、代表上帝同在的會幕等安排，讓以色列民體會和享受在上帝恩典裏的安息，只要信靠上帝，遵行上帝的誡命，就算身在曠野的旅程之上，也可以猶如身在家鄉，進入上帝的安息，與上帝同在和同行。始終，上帝才是我們生命真正得安頓（或安息）的歸宿，亦惟有完全放手，讓生命安息於上帝懷中，我們才能經歷生命中真正的自由自在。

# 香港出現布波政治嗎？

根據布魯克斯（David Brooks）的觀察，美國在上世紀六十年代所出現的，乃是傾向左派的波希米亞激進政治力量，到了八十年代，則是代表保守右派的布爾喬亞政治文化的抬頭。兩股代表不同意識形態的政治力量，掀起了一場持續的文化戰爭。回顧美國近代左派與右派的文化戰爭，其中主要的是文化上的自由主義和傳統基督教價值的意識形態之爭。當然，這不等於說，布爾喬亞右派對自由主義完全採取否定的態度，起碼他們就會致力推崇市場經濟的自由主義政策，反而，左派對自由經濟市場卻持批判的態度。

然而，到了克林頓主政的九十年代，一種強調平衡和融合雙方價值體系的布波政治卻應運而生，並試圖為美國社會營造一種新的政治秩序。布魯克斯稱布波政治為超越主義政治，即試圖從左派與右派兩種極端的對立抗爭中超越出來，開出一條折衷的第三路線，打著務實的理想主義、自由的保守主義，以及講原則的包容主義這類充滿弔詭性的政治旗號，聲稱讓不同政見和文化背景人士融合一起，共同合作追求政治上可持續發展的目標。

在美國，這種布波政治能夠應運而生，實由於愈來愈多富裕的布波族已經厭倦了激進政治所造成的分裂和鬥爭，他們逐漸向中間溫和的第三路線靠攏，這些布波族人喜歡共識而不愛分歧、喜歡溫和而不愛激進、喜歡禮貌而不愛吵鬧。無論如何，布波政治所走的折衷或超越主義的第三路線，難免會採取一種反意識形態的政治策略，並宣告已進入意識形態鬥爭終結的年代。

二〇一〇年，香港的政治格局也出現了一些轉變，主要由學者和律師組成的公民黨，本來給人一種代表中產知識分子溫和理性的印象，想不到它會跟代表左派激進思想和基層弱勢社羣利益的社民連聯成一線，共同推動「五區公投」。反而，一直以來主要靠動員羣眾作街頭抗爭、被中央政府視為異見分子，並將自己定位為在野反對派的民主黨，卻竟然跟中央官員坐下來商談政改方案，在爭取民主的政治策略上作了較大幅度的調整，改行更溫和及較務實的中間路線，即願意透過溝通、談判和協調去發展民主。根據民主黨的解釋，這種策略上的調整，其實是由於在民主道路上長期處於一種無法突破的膠著狀態和悶局，於是惟有在現實的政治夾縫中推動轉型，希望能殺出一條血路。那麼，民主黨現在所走的路線，究竟算不算是一種布波式折衷主義的第三條路線呢？

民主黨的路線調整，自然引來市民和民主派內部某些人士的非議，指責它放棄原則，妥協轉軚，出賣港人。這種反應，其實應屬意料中事。猶如英國前首相貝理雅，當年他為了帶領本來具有濃厚

左翼政治思潮的工黨作政治上的重新定位，豈不是同樣遇到不少傳統工會和左翼分子的強烈批評和惡意攻擊麼！堅守理想和原則固然重要，然而，政治畢竟是一個充滿變數和互動的過程，不能空談和堅持自己的理想而不作出絲毫的談判和妥協。當然，這種面目模糊的折衷式第三條路線或布波政治最終會否淪為一種兩面不是人的政治怪胎？甚至因過度妥協而最終真的出賣了理想和原則呢？我們當然可以繼續討論和關注。

雖然今天有不少激進的聲音批評民主黨轉軚，但從政治現實的處境來觀察，以追求穩定和務實那種中產思維作為核心價值的香港社會，激進政治一向沒有太大的市場，大部分香港人始終喜歡選擇中間溫和路線。不過亦正因如此，於是社會上反而有人（尤其是年青一輩）支持需要有一些具創意和顛覆性的激進政治，以平衡香港的政治生態，從而為香港社會繪出一個豐富多元的政治光譜。

# 布波管理學

管理學在現今社會裏備受重視已不在話下，但基督徒應否完全不加批判就全盤接受，甚至將其引入教會使用？這實在是值得反省的問題。這種現象，尤其會在一些規模較大的中產教會裏出現。

在眾多管理學理念中，帶有強烈現代主義色彩的「麥當奴式」企業管理模式，無疑是強調理性與效益的現代管理學的最佳典範。里茨爾（George Ritzer）在其著作《社會的麥當奴化》（*The McDonaldization of Society*）中，總結了麥當奴式管理學的四種特徵——強調結果、效率和收益；將生產量化或數字化、強調生產的可計算性；產品或服務的可預測性、單一化和同質性；以及機器和非人性化的技術對人的日益控制和替代。當然，為了實現上述的效果和特徵，企業便要極度倚賴一套行之有效的制度（system）和科層組織（organization）了。試問，倘若社會已經深入地被麥當奴化，教會的麥當奴化又能否倖免？

麥當奴式管理學可說是一種布爾喬亞資本主義文化的體現，由於布波族身內也流著布爾喬亞人的血液，因而也未必會對資本主義的企業管理和生產模式全然否定。儘管如此，由於他們同時嚮往波希米亞的創意文化與浪漫精神，因此也會表現出某程度上的反麥當奴式管理學的性格。

由於布波族的藝術家氣質，於是創意已取代了效率，成為生產力的關鍵所在。工作不再只是一條高速卻機械性地不斷重複的生產

Stanley Public Library
STANLEY

線，亦不再只是一項量化或數字化的業績表現，而是一種表達個人風格和充滿自由想像的創作過程，工作就是自我的表現和創意的延伸。既然如此，多元、變化與新奇自然取代了同質、秩序和可預測性。無疑布波管理學樂於為員工製造敢於表達意見的空間，亦鼓勵他們走在時代的尖端，並突破傳統和既定的框框去思想事情，以從事具有創意性的產業。

今天布波族的企業領袖，也不喜歡太功利和過於務實，因為他們做生意和工作並非只為賺錢，或多或少也是為了實現自己熱愛的夢想、使命或興趣；在他們心目中，工作最理想地就是其夢想或興趣的延伸。也由於他們擁有頑皮的自由心靈，於是工作不再只是日復一日沉悶難捱的無聊苦差，而是有如遊戲般充滿自由和樂趣。

既然如此，布波族的企業領袖也希望員工能夠感染這種自由歡樂的工作氣氛，甚至不惜工本安排豐富的娛樂和度假節目供員工享受，因為這樣會有助於建立良好的人事關係和增強員工對企業的投入感。在布波族興起的年代，無疑福特主義那流水作業式的大型工廠生產線和專業技術分工的年代已成過去；事實上，布波族的企業領袖，對由技術官僚的理性秩序所建立的管理架構所造成的僵化、冷漠和非人性化也不能忍受。因此，布波管理學最反對組織化和制度化的管理模式，尤其討厭那種紀律部隊式的、即由上而下充滿權威性和監控性的管理架構，他們也傾向將層層疊疊的科層組織簡化，盡量縮窄管理階層與員工之間的距離，努力增強上司與下屬之間面對面、直接和開放的溝通關係。簡單而言，布波管理學主張以簡單平等和愉快融洽的人事關係，代替嚴密的組織和冷漠的制度，企業組織不再被視為一部龐大的機器，而是一個充滿回饋機制、相互結連和不斷創新變化的有機體系。

# 消失的空間——大笪地夜市

夜市，幾乎是所有介紹台灣旅遊天書必定推薦的熱門消費景點，它主要是一個市集式的購物和美食天堂。一到晚上，台灣的夜市就燈火通明，人山人海，好像「趁墟」一樣。夜市已逐漸成為旅遊人士心目中的台灣地道文化。

夜市的街道一般都比較狹窄和凌亂，街道兩旁佈滿各式各樣的小商鋪和食店，更有很多商販在街道中央擺地攤或設置流動攤檔販賣，令到本來人多狹窄的街道，更加擠得水洩不通，行人前呼後擁，你推我撞，有時甚至寸步難移，令遊人感到局促不安，卻又樂在其中，因為不夠擠擁，不夠熱鬧，就缺乏行夜市的感覺。

今日香港人的夜生活和消遣，卻離不開在 K11 和 apm 這類大型商場流連。類似台灣的街頭夜市，實在所餘無幾，最著名的也就是油麻地的廟街及旺角的女人街和花園街了。至於傳統被譽為「平民夜總會」的大笪地夜市，更是買少見少，廟街和大笪地的繁華熱鬧，一早已經風光不再。從事文化研究的香港大學榮休教授亞巴斯（Ackbar Abbas）曾指出，在殖民地統治下的香港社會空間是一種「消失的空間」（space of disappearance），大笪地這類夜市，也許就是「消失的空間」這一說法的最佳明證。

還記得很多年前，也許那時還未出現全球暖化的現象，冬天的日子較現在長，而且真的很寒冷，在寒風刺骨的冬夜，我最喜歡到中上環港澳碼頭附近的大笪地，瑟縮在露天的大排檔裏吃火鍋，回

海味雜貨
永成
燒臘專家
2393 3244

想起來，那種風味，絕不是坐在高級餐廳裏「鋸扒」或在五星級酒店裏吃自助餐可以相比的，這已是一種久違了的感覺。那裏沒有名店售賣高價貨品，有的只是在攤檔或甚至擺地攤販賣的平價貨，要「掃」平貨就要「踎街邊」揀心頭好，管它有沒有儀態。此外，當然那裏也少不了一些走江湖賣藝者的精彩表演，只要花些少金錢，就可以消遣一個晚上，可謂名符其實的「平民夜總會」。

那時的大笪地，真的是屬於平民的公共空間，是平民在一天辛勞的工作後娛樂和社交的場所，當平民聚集在這塊大笪地的時候，各行各業的食肆及商品攤檔就自然形成，根本無須政府任何的刻意規劃。然而，今天的香港雖然已愈來愈富裕，亦講究甚麼城市規劃，卻竟然容不下大笪地這類屬於平民的空間。富裕城市中這類「消失的空間」，是否意味著在由戰後嬰兒潮那一代中產人士組成的政府的管治下，中產的核心價值已取代一切，香港這個國際級城市真的不再屬於基層平民的了？

本來類似大笪地這樣的傳統夜市，應該是由無牌小販的攤檔構成，他們所奉行的管理智慧，本應就是「無為而治」，其最大特色本應就是愈混雜、愈局促、愈喧鬧、愈傳統、愈地道、愈市井愈好。可惜，香港現存的街頭夜市，在政府以中產的工具理性為核心的官僚文化管治下，已變得事事講求規劃有序，監管得宜。至於那批難於管理的無牌小販，當然一早已被政府趕盡殺絕了。

港式中產

# 布波式城市規劃

自從雅各布斯（Jane Jacobs）在一九六一年出版了《美國大城市的死與生》（*The Death and Life of Great American Cities*）之後，布魯克斯（David Brooks）稱她是最初的布波族，除了因為這本書為布波族帶來非常深遠的影響之外，布魯克斯更認為她本身便擁有典型波希米亞藝術家的想像力和氣質，因她對異國情調（如非洲的雕塑、羅馬尼亞的茶館）和創意文化情有獨鍾，且竭力對抗高舉單調、同質性和標準化的理性主義精神，以及現代主義味道濃厚的城市規劃哲學。

雖然如此，雅各布斯卻從來沒有醜化或批評布爾喬亞階層的市儈和勢利。在《美國大城市的死與生》中，她反而欣賞那些街頭商店的老闆們所能散發出的小布爾喬亞階層之美德——勤奮、互助、清潔、秩序、和睦……

最重要的是，雅各布斯非常厭惡那種只跟隨現代標準化和傾向一體化的城市規劃，雖然這種城市規劃和建築設計表面上看起來井然有序，但它最終可能只會是一種令人感到單調乏味的同質性的秩序，這不但奪去了城市給人的新鮮感，亦破壞了每個城市的個性、風格和各自的獨特文化。雅各布斯認為，這種所謂「秩序」，在深層次上反而是一種混亂和失序，因為當人們遊走於千篇一律的標準化城市空間裏，便再很難分辨彼此間的差異，於是只會更容易陷入迷失的混亂當中。

雅各布斯卻結合了布爾喬亞對整齊秩序的崇尚和波希米亞對自由解放、多元變化和簡樸自然的熱愛，倡議一種亂中有序、複雜中見簡樸、多元中有合一、變化中見和諧、秩序與解放並存的布波式城市規劃的美學。雅各布斯再三強調，如果想繼續維持一個城市的生命和活力，就必須要珍惜這個城市長期以來形成的多元性和混合性，況且城市的多樣化和混合性不但不會造成混亂，反而代表了一種高度發展的複雜的秩序。

雅各布斯強調，成功的社區並非由一些互不關聯和陌生冷漠的個體組成的，從社會意義和經濟意義上來說，它們應是有機組合的連續體。故此，「關係」與「和諧」無疑是城市規劃中重要的理想和目標，成功的社區就是要為在其中工作和生活的市民提供一種同在（togetherness）、歸屬和信賴的感覺，而這種社區和諧關係的氣氛，到頭來又會吸引更多人來到社區活動，於是最終為社區帶來更大的社會和經濟效益。

但她再三強調，這絕不是劃一性和標準化的規劃秩序，使社區出現和諧關係的景象。相反，造就城市人互相交往和形成社區認同的感覺，乃是由於社區內保存了不同年代、不同階層、不同性格、不同品味、不同功能的居民、街道、建築物、生活方式和其他日常生活的文化。她相信幾乎沒有人願意在千篇一律、單調、重複的地方流連和生活。惟有為社區保存多元化和差異性，才能使社區生活變得更豐富、有趣、充滿活力和生氣。因此，在興建新建築物之餘，布波族願意花更多時間和資源去修復古蹟，拯救和活化舊社區、舊房子。

# 布波的遊樂工作間

香港人工時長，工作忙碌，工作壓力大已是很普遍的情況。人生好像只為無休止的工作而活，在疲於奔命的生活之下，容易會逐漸看不到工作本身的意義，甚至成為工作的奴隸，失去人性的自由。二〇一〇年發生在深圳富士康廠房員工連串的自殺事件，可算是被工作和生活奴役至死的現實寫照。儘管如此，不少香港人卻仍然抱著工作至上的心態而活。

傳統以來，工作與遊戲界限分明，工作是日復日苦悶疲累的勞動，遊戲是工餘盡情享樂的消閒。布波族卻刻意要打破這條界線，將工作變為人生一大樂事，寓工作於娛樂，把用心工作與盡情玩樂混合為一，在繁忙的工作中享受工作所帶來的樂趣，玩味人生。故此，他們很注重同事之間的關係，要為辦公室製造融洽和歡樂的氣氛。他們亦願意安排更多的休息時段，穿插於工作時間之中，使工作與休閒的界線模糊；隨著家居辦公室（Home office）的愈趨普及，他們更在時間與空間上改變了傳統工作與休息二分的思維和實踐。當然，工作間的環境和設施也很重要，最好能提供給員工更多交誼和娛樂的空間，務求令員工擁有溫暖、輕鬆和人性化的感覺。

二〇〇九年，澳洲旅遊局曾在全球招聘任職澳洲大堡礁的生態保育員，相信這是最符合布波族口味的超級「筍工」，這份工最吸引人之處，莫過於能在海天一色如天堂般的世外桃源裏，寓工作於享樂悠閒。其實，上帝創世時的心意豈不也是如此，祂造人之後，馬上給人第一個神聖的召命，那就是擔當文化生態保育的職事，在美麗如天堂般的伊甸樂園裏，承擔修理看守和管理大地的工作。何況，原初人的工作絕對不是為了餬口和生計的，因為上帝在人工作以先已為人賜下食物，人只用在豐裕的物質生活和優美的工作環境內享受工作的樂趣。只不過當人犯罪之後，工作也因人性的扭曲而變質，本來神聖和快樂的工作，最終卻變成一生勞碌的苦差，人需要汗流滿面辛勞才得餬口，工作變成一種被迫的強制性勞動，亦變成為奴役人、壓制人與剝削人的工具。

雷納（Hugo Rahner）在其著作《遊戲的人》（*Man at Play*）中提過，人在遊戲中，可以體驗從冒險而來的驚異和充滿創意的新奇，亦可以經驗從隨意戲耍而來的自由空間。所以，現代西方的兒童教育理論，大多反對強調密集工作量的「填鴨式」方法，反而主張從遊戲所賦予的空間與自由中學習與成長。固然，遊戲更可以幫助人從煩擾的現實世界中超越出來，不受現實困局的壓迫和束縛，得享自由，甚至人們可以在遊戲中奔往最逍遙自在的悠閒境界。可

見，遊戲實在有其本身的價值，而且遊戲對忙於工作及被工作奴役的人來說，尤為重要。

事實上，人類文化中的哲學、文學、藝術等創作，以及最偉大的科學發明，都極之仰賴遊戲式的冒險、自由和創意，而且它們大多數都是人類在休閒中創造出來的成果，因為休閒可以為人提供自由和創意的空間。難怪皮珀（Josef Pieper）主張，「休閒」是西方文化發展的基礎。

創造主經過六天的工作，在第七天透過放手的安息行動，展示了工作與安息的緊密關係，上帝在其中示範了一種既參與工作而又不受工作控制的自由。因此，我們也應該照樣學習和實踐。事實上，人在第六天被造、並被委派管理大地的召命之後，馬上面對的不是工作，而是在第七天經歷上帝同在的安息。換言之，這意味著人一旦離開安息，就無法按著上帝的心意做好管理大地的職事。故此，只有工作沒有安息的人生，是不完滿的人生。

# 迷思二

# 健活・肉身

# 健康至上的肉身文化

布波族奉行「健康至上」的生活原則，非常重視身體健康。因此，除了注重健康飲食之外，他們一般都熱中於運動，也不計較花大筆金錢在一些運動設施和裝備上，最重要是能夠有效地使肉身保持在健康的狀態。由於布波族主要都是基於健康的理由而參與運動，個人興趣還是其次，所以並非任何運動項目都受歡迎，一般會按照醫護界的權威意見來作出選擇。例如，一些有助心肺功能的帶氧運動愈來愈流行，健身中心就是他們 keep fit 的熱門場所，他們樂於不斷喘著氣、流著汗在各種電子器械上做重複或原地踏步的動作。運動本身明顯不是目的，只是手段而已，具有很強的實用性和功利性考慮。而且，透過這被意志鍛鍊的運動身體，也彰顯了人自我操控的主體性。

近年，香港人一窩蜂喜歡往深圳「揼骨」，不但享受肉身從疼痛中得到舒緩的感覺，而且亦相信有醫療效用。重視生活品味的布波族，自然對廉價按摩興趣不大，卻鍾情較高格調的香薰按摩水療（SPA）。SPA 是一種皮膚護理技術，目的是讓全身的皮膚也來深呼吸，使皮膚的毛孔張開，讓各種營養成分滲透至皮膚的深層，促進血液循環及皮膚的正常排汗功能，有助排除體內的毒素。

瑜伽運動近年亦在中產或布波族圈子內廣泛流行。它並非純粹是一種宗教性的心靈修煉，而是借助冥想來鬆弛神經和繃緊的肌肉。而且由於瑜伽重視呼吸的動作和過程，能讓空氣深入肺臟的底

層，屬於一種帶氧運動，於是它能聲稱有醫療的效用，令血液循環暢順，有助加速排除體內毒素，使皮膚光滑，精神奕奕，亦能減輕便祕、肩酸和頭痛的困擾。故此，瑜伽運動的重點最終仍是肉身的健康。

「完美的身體」似乎是深植於現代社會文化中的理想追求，愛格里（C. Edgley）和布里賽特（D. Brissett）如此說：「完美的身體不允許有毒物質或有害行為擾亂其內部和諧。它的周圍有保護膜包裹。總而言之，它就是『健康』。」

也許，自從尼采（Friedrich Nietzsche）主張一切從身體出發之後，肉身轉向（turn to body）逐漸成為西方文化研究的重點。也許，自從人們經歷了現代富裕社會都市病和生活壓力的威脅之後，肉身的健康逐漸成為現代人最時髦的關注。何況人們亦愈來愈意識到，他們需要創造和累積健康的身體資本（bodily capital），個人的成就才有可能實現。

問題固然不在於肉身，亦不在於強身健體，只在於

一旦對肉身健康過度崇拜，將肉身變成偶像般體貼供奉，便有可能培養出中產階級特有的自戀形人格，以及反照出對肉身疾病、痛苦和死亡所懷的恐懼。由此看來，崇拜肉身和柏拉圖式的貶抑肉身在本質上原來分別不大，同樣顯示了對肉身的敵意和對肉身死亡的憂慮。然而，哲學家愛比克泰德（Epictetus）説得好：「可懼怕的不是死亡或痛苦，而是對死亡或痛苦的恐懼。」

使徒保羅也沒有嚮往和誇耀一個無病無痛的人生，他再三強調，可以誇口的，也只不過是自己的軟弱，甚至要誇口的，就是加在他肉身上使他痛苦的一根刺。換言之，人何時注視肉身上的刺痛和衰殘的時候，何時就能免於自高自大，何時就能從自己的軟弱中看見上帝的恩典和大能。

我信道成肉身，我信身體復活，基督信仰從來都肯定肉身存在的價值。

清潔進行中
小心地滑

# 有機飲食生活

撇除了被禁食的病雞、病豬、毒菜、毒奶粉之外，我們每天不知把多少含有所謂「合規格」的基因改造、化學肥料和有毒農藥的食物和飲料放進口裏。活在物慾無窮和賺錢至上的資本主義消費社會裏，為了快速大量生產外表美觀的食品來滿足龐大飲食市場的需求，最終人類只好承受被食物污染的危機。「你吃甚麼就會變成甚麼」（you are what you eat），難道只可默默接受，讓這個患了病的飲食市場繼續生產「有毒」的人？

早年周兆祥推行有機生活，被人投以怪異目光。近年有機飲食卻大行其道，甚至成為一種近乎被人膜拜的新興「宗教」。視「健康至上」為重要生活原則的布波族，必然成為其忠實信徒。

在炫耀性的暴發戶式飲食文化裏，有人或許會認為盡情暴飲暴食，品嘗天下名貴美食佳餚，實在是人生一大樂事，同時也是身分的象徵。布波族崇尚的飲食文化卻截然不同，他們並非吝嗇之輩，花幾千元品嘗頂級紅酒大有人在，只是由於他們重視身體健康，因此反而主張日常飲食必須要節制。

布波族已把有機飲食變成一種精益求精的日常生活的學問，他們充分掌握健康飲食的學問和各類有機食物的知識。一方面，他們視高脂肪、高澱粉、高鹽分和高卡路里的食物為洪水猛獸，並以現代主義量化標準的科學精神來管理日常飲食，進食時更嚴格限制自

己不能超標；另一方面，他們亦很懂得如何配合各類有機健康食品的成分和烹調方法來促進身體的健康，並對自己身體的健康狀況、一般醫學和營養學知識、食物標籤內的資訊説明瞭如指掌，不少布波族儼然成為專業的營養學家。而那種主張少油、低火、少煎炸的簡單烹調方法，以及強調那些質樸粗糙的健康食品或飲料，例如糙米、天然酵母釀製的啤酒、有機大豆製的豆漿、含有各種穀類纖維成分較高的麵包、未經漂白提煉的天然砂糖等，正好構成他們有機生活的一部分。這種有機飲食文化，亦恰好反映了布波族那種崇尚簡約主義和回歸原始的自然主義之生活美學原則。

本來，在過度消費的現代社會裏，適度的節制物質慾望和簡樸生活的實踐，是一種合乎基督信仰且值得傳揚的德性倫理和屬靈操練。可惜，時下不少人所奉行的有機飲食生活，卻只得一個私人目的，就是純粹為了個人肉身健康而行。甚至乎由於這已被追捧成為生活時尚，且有中產的市場需求，致使有機食品的價格比較昂貴，而非基層市民的經濟能力所能負擔。到頭來，有機飲食文化，又淪為凸顯中產身分或炫耀布波生活品味的消費行為。如此的有機生活，最終反而變得有點過度崇拜肉身、炫耀個人品味和自我中心的傾向。

其實，有機飲食文化的著眼點，不僅是個人肉身健康的問題，還應該關注到整個自然生態的可持續發展。根據一九九五年美國國家有機物標準委員會（National Organic Standards Board）的定義，有機是一個生態產品管理系統，以恢復、維繫和促進生態和諧為基礎，致力保持生態循環和土壤生態活動。因為長期濫用農藥和化肥，會讓土地逐漸淪為毒土，最終只會死亡。而有機耕種就是養活泥土，使泥土有生命，故能保持自然生態的活力，以生生不息的「活土」來種植能滋養生命的食物，可見土地和大自然（包括人）的生命息息相關。

「耶和華上帝用地上的塵土造人，將生氣吹在他鼻孔裏，他就成了有靈（註：原文的意思是氣息）的活人，名叫亞當……耶和華上帝將那人安置在伊甸園，使他修理，看守。」（創二7、15）

# 醫藥工業執政掌權的時代

翻開報章或雜誌，就會發現鋪天蓋地都是一些具備醫療功效的健康產品廣告，不同牌子醫治失眠和強化肺部功能的冬蟲夏草、聲稱可提升免疫力的靈芝孢子、益腦明目的藍莓素、能極速減肥的消脂丸、醫治鼻敏感的蜂膠皇、治療關節痛的健絡丸。當成年人怪責青少年濫用藥物的時候，為何不捫心自問，自己豈不是同樣沉溺於濫藥文化之中麼？這種醫藥消費文化所推銷的「健康至上」生活哲學，並非布波族獨有，其實已滲透各社會階層成為時尚的大眾生活文化的一部分。

當肉身健康成為至上，我們的身體，自然就變成醫療消費的肉身，於是醫療工業機構和藥廠便列出五花八門的「消費餐單」，藉著滿足消費者關心健康的心理，無聲無色地在打我們的財富主意。

正如在《取回我們的身體》（*Reclaiming the Body*）一書中，舒曼（Joel Shuman）和福爾克（Brian Volck）引用使徒保羅的語句，現代的醫藥工業正是「執政及掌權的」。固然「執政及掌權的」不一定是壞事，醫藥工業也可以是在上帝的許可下而有存在的價值，何況上帝更如此說：「無論……執政的，掌權的；一概都是藉著他造的，又是為他造的。」（西一16）

問題卻是，當我們已被消費者的選擇權、身體和健康體格的自主操控權、無痛苦的安樂死亡權、專業主義的話語權這類意識形態佔據了我們的思維的時候，醫藥工業便已經不動聲色地跟專業主義、資本主義和消費主義的市場機制結盟。如此，醫藥工業便反過來成為主宰現代人生老病死的強力權勢。更可惜的是，我們竟然逐漸在醫藥工業消費文化的強力權勢下甘於就範，因為畢竟它能提供我們心中的所需，藥品已代替上帝成為我們崇拜的偶像。逐漸地，本來藉著基督及為了基督而存在的醫療和藥物體制，最終甚至因服膺於撒但的權勢而不能不暴露其邪惡。

事實正是如此。其中一家全球最大型的藥廠「輝瑞」（Pfizer），曾生產過一種治療關節炎的王牌產品 Celebrex，其後發表聲明，承認當人大量服用這藥物，便會增加患心臟病的危險。在 Celebrex 之前，其實已發生過「默克藥廠」（Merck & Co.）的暢銷關節炎藥 Vioxx，服用後會導致心血管病的事件。此外，德國醫藥專欄作家布萊克（Jorg Blech）曾撰書《發明疾病的人》（*Die Krankheitserfinder*），他不但表示對一些藥廠所宣稱的藥物療效存疑，甚至揭露了不少醫藥工業神話背後，其實疑似一個騙局。有藥廠不惜跟一些醫療研究人員串通，刻意誇大一些病情，或甚至「發明」一些未必有根據的疾病，例如飛行時差症候羣、天堂憂鬱症、悠閒病、懼血懼醫症等；又如在一九九三年，德國斯克美占藥廠（Smith Kline Beecham）聲稱出現一種名為「希希症」（Sisi Syndrom）的新病，據説患此病者，通常表現得令人覺得他活力充沛，實情

影像協力／鹿港甘仔店懷舊餐廳 www.luhgaang.com.tw

卻是借此來掩飾自己的憂鬱傾向；當然，藥廠「發現」這種新病的目的，最終只是為了推銷旗下生產的藥品而已。（有關這方面的資料，參葉輝的《書到用時：葉輝知識版圖》〔香港：文化工房，2008〕。）

當然，筆者在此無意要將醫藥工業妖魔化。只要將主宰我們身心健康和生老病死的主權重新置於上帝名下；只要我們重新認定以道成肉身進入苦痛，並從復活中克勝死亡的基督事件來塑造我們的生命故事；只要執政及掌權的醫藥工業被基督的十架克勝，在救恩下重新被贖回，真正靠祂而立，則醫藥工業仍然是可以令我們受惠的。

何況保羅豈不是曾經為他肉身上的一根刺誇口麼？難道基督徒認為惟有身體健康才算蒙上帝祝福麼？難道基督徒也跟大眾一樣，只會追隨和歌頌「健康至上」這種主流文化麼？保羅卻如此見證：「他對我説：『我的恩典夠你用的，因為我的能力是在人的軟弱上顯得完全。』所以，我更喜歡誇自己的軟弱，好叫基督的能力覆庇我。」（林後十二9）

# 性愛肉身的知性化

在傳統的布爾喬亞社會裏，由於維繫穩定的家庭結構和社會秩序是他們的核心價值，於是便主張性行為應該受到適當的規範，且要循規蹈矩地進行。他們一般認為，在婚姻關係裏面進行的兩性性行為才合乎道德標準，而懂得節制性慾也被視為一種美德。

具反叛性格和浪漫精神的波希米亞文化人，自然大力批判傳統布爾喬亞人的性倫理觀念，他們固然反對將性愛變成難以啟齒的禁忌，亦不同意壓抑性慾，卻鼓勵應該盡情享受性愛帶來的歡愉。他們倡議性愛的自由，且決意要解除一切來自性道德權威的枷鎖的束縛，甚至不介意放縱情慾，並敢於冒險做出傳統認為越軌的性行為，以求體現個人在自身肉體和性愛方面的自主性。因此，對波希米亞人來説，反而會認為體現個體自由的性解放才是合乎道德的美事。

布爾喬亞和波希米亞階層之間，也許無可避免地要展開了一場性文化的戰爭。表面看來，混合了兩種文化的布波族扮演了和平之子的角色，他們似乎開闢出一條中庸路線，將危害社會秩序的越軌性行為和放縱的性慾，變成為理性節制且具社會建設性的美事。

本來在一般人的心目中，波希米亞人開放的性觀念，其所代表的是一種傷風敗俗、道德淪亡的性文化。布魯克斯（David Brooks）卻認為，在布波族的努力下，他們已經除掉了這種波希米亞性文化所建立的「性開放等同犯了淫蕩罪」的污名，正如他以較為誇張的手法如此描述：「布波族變成了傳講陰部的牧師。」意思是，布波

族所宣傳「安全和負責」的性愛觀，反而可成為有利社會穩定秩序的福音。

布波族的性愛觀有兩種特色。第一，他們將性愛變得知識化和理性化。性愛不再只是男歡女愛純粹滿足感官享受閨房之樂的私事，而是走進大學鼓勵公開討論、並以理性深思的學術課題和研究項目。布波族亦樂於透過研習班或各類有關性教育的影音教材，以完善自己的性知識和技巧，以致更能達到安全性行為的標準，以及更能享受性愛過程中帶來的樂趣和彼此親密的感覺。第二，雖然布波族基本上擁有開放的性觀念，但他們仍覺得需要將過度放縱的性愛重新規範化；或者說，他們無意再將性愛視為顛覆社會道德常態的手段。故此，縱然他們並不抗拒同性戀、性虐待及集體性愛這些異類的性行為，但他們主張任何事情都需要在合理和有節制的情況下進行，任何性行為都應該接受各自所定的規則和禮節的規範，例如淫穢下流的色情笑話和性騷擾的行為都必須加以約束，因為這樣才配稱為「負責的性」。當然，這樣做有另一原因，就是一班高學歷和自認有生活品味的布波族，要把性愛重新打造成為一件高尚的事情，力求重新融入主流社會被大眾接納。

布波族這種重新理性化和規範化的自由性愛觀，似乎在向一些衛道之士提出挑戰，即繼續將某些異類性行為妖魔化這種策略是行不通的。甚至，在這種理性化和規範化的政治策略下，本來被視為異類的性行為，卻有可能逐漸被社會接納為常態，並反而將妖魔化的做法視為政治不正確。

在現代社會裏，基督徒需要明白，性不再僅是一個道德議題，其實更是一個政治議題。面對不斷變化和來勢洶洶的性政治，我們需要反省和建構的，是一套既能看穿文化轉變，又能忠於福音信仰的性政治倫理學。

# 迷思二

# 唯美·格調

# 推銷布波格調的K11

K11，不是巴士路線的編號，而是某大地產商與市區重建局合作，並座落於尖沙咀超級豪宅和五星級酒店下層的大型商場地產項目。再次證明，毫不吝嗇地清拆舊建築物，然後興建地標式大型商場、豪宅和酒店，似乎是香港市區重建和城市發展的單一目標。

不過，K11卻標榜自己跟一般的商場有別，自稱為「全球首個購物藝術館」。在其網頁廣告中，它推銷已融合「藝術、人文、自然」三大元素於商場之內，號稱將購物商場變成一個全新概念的藝術舞台，且在商場內裝置了多件由本地藝術家創作的藝術品，包括繪畫、雕塑及天花掛飾等，務求將商場打造成一個有藝術品味及美感的消費空間，讓遊人不但消費商品，同時消費一種好像很有藝術品味的感覺。

若要配合這樣高格調的藝術空間，銷售的自然不可能是一些低檔和廉價的商品，因此進駐K11的，必然是一些專售高級品牌貨品的名店和高檔食肆。例如有主打活鮑魚、龍蝦和其他海鮮刺身的「浜」日本料理；有來自東京銀座有八十二年歷史的老字號銀座梅林，其中一款名物為吉列豬扒三文治，豬肉來自鹿兒島及宮崎，而且自家祕製的豬扒醬更是銀座梅林的靈魂。此外，還有Tiffany & Co. Watches、Hush Puppies、Gay Giano 等名店。然而，試問這樣高消費和高格調的購物藝術館，難道會吸引「牛頭角順嫂」和「天水圍師奶」來觀賞、豪歎和掃貨麼？招徠的主要對象，自然是一班中產階級的所謂布波族了，當然也包括國內自由行的大豪客。

不過，號稱「全球首個購物藝術館」的 K11，坦白說，其實沒有甚麼新意，亦覺得有點言過其實，試問在商場放置幾件藝術品有甚麼出奇？其他商場沒有嗎（只不過可能不是名家的作品而已）？可能由於他們打算為商場營造一種布波格調，於是便以創意藝術作為商場的主題。它根本算不上甚麼藝術館，而只是另一個主題化的大型購物商場而已。K11的設計者，可算只是將波希米亞的創意精神務實地作為布爾喬亞營商的手段，並將抽象浪漫的創意藝術，轉化為滿足物慾的消費符碼而已。

如果 K11 屬於市區重建項目，它就應該是屬於香港市民的公共空間。作為一個公民社會，在政府建構城市面貌的過程中，公眾理應對公共空間的參與能發揮更大的影響力。事實上，根據《市區重建策略》所訂立的目標，特區政府應承過會盡量蒐集民意，讓市民共同探討如何能在市區更新過程中，為所有市民締造優質的都市生活環境，並同時保留城市的獨特風貌。

K11有損本土文化，不能保留城市的獨特風貌，已經不在話下。更可惜的是，它有很強的階級性和排他性，草根階層來到這裏，只會感到格格不入，也跟他們的日常生活毫不相干。K11似乎只是屬於有權有勢的財團，只是由權力階級為中產精英的布波族製造出來的高格調消費空間。故此，與其說 K11 是甚麼購物藝術館，不如說是大地產商鄭志剛一直夢想建立的購物王國；事實上，他承認這就是 K11 名字的由來（K 字就是指到 kingdom，而 K 字在英文字母中則排行11）。

# 布波式旅遊凝視

離港出外旅遊，幾乎成為中產階級日常消閒生活不可或缺的一部分。隨著科技和交通工具的高速發展而帶來的旅遊便利，大規模的觀光旅遊自然成為現代化的產物和普遍的社會現象。

旅遊文化產業，已成為不少國家經濟發展的重點項目，於是各地政府便千方百計要製造特色的旅遊景點，以吸引觀光客的目光；事實上，觀光旅遊的重點，就是觀光客在旅程中的視覺經驗。因此，觀光客的凝視（gaze）、觀光客這凝視主體（gazer）的文化想像、如何建構被凝視的客體（gazee）、觀光客與被凝視的觀光景點之間的社會關係，便成為厄里（John Urry）研究旅遊社會學的核心觀念和主題。

厄里認為，觀光旅遊就是一種「偏離常軌」（departure）的社會行為，目的是要有限度地擺脱那些日常生活習以為常的慣例與行事作風，即偏離日常平凡無奇的被凝視的客體，盼望從身處異地觀光旅遊的經歷中，藉著凝視去努力蒐集日常似乎無法得見的異國風情。既然如此，那種習以為常地跟旅行團逛景點、行商場、遊主題公園、食團體餐的套餐式旅遊經驗，自然不能滿足一般中產觀光客的要求，他們甚至覺得，那些參加景點式觀光和購物消費旅行團的遊客過於庸俗，惟有那些自由自在和悠閒寫意的知性旅遊，才夠品味。於是，潮流興自由行，他們以為這種自主的旅遊文化，可以為標準化的套餐式旅遊經驗，帶來一點驚喜和新意，以致更加貫徹

「偏離常軌」的目的。

不過，新興的高學歷布波族的旅遊品味，跟一般中產旅客又有點不同。由於他們更講求創意品味和文化體驗，因此，他們覺得時下一般的自由行，其實未能真正做到厄里所講的「偏離常軌」，甚至質疑那種跟著旅遊天書（儘管是 *Lonely Planet*；筆者按：這本天書已有國產中譯本）建議的景點按圖索驥的自由行方式，豈不也是旅遊工業為觀光客刻意複製出來的被凝視的客體，以及有待凝視經驗來印證的旅遊文化想像麼？

布波族認為，這類愈來愈大眾化的自由行，不能反映他們的獨特個性，為了凸顯他們屬於小眾的另類風格和脫俗品味，也為了要符合他們所崇尚的自然主義和簡約主義的生活美學原則，因此他們要搞一些屬於小眾和另類的生態或文化體驗旅遊，追求更接近自然本真與更表現文化品味的觀光凝視。於是，他們寧可選擇沒有五星級酒店、交通不方便、生活條件較差，卻很少有人去過的冷門地點。他們可能有興趣重尋舊日哲古華拉（Che Guevara）遊歷南美洲的足迹；或者勇闖共產北韓這神祕國度；或者划艇穿越亞馬遜熱帶雨林的沼澤地帶；或者冒險往非洲某個原始部落探訪。總之，他們就是刻意離開平時過慣的富裕生活，去到不同民族和不同文化的窮鄉僻壤當中，體會他們原始、平靜、簡樸、刻苦的生活經驗。他們甚至會刻意安排一些非常艱苦的生態探險之旅，攀山越嶺，讓自己暴露於大自然的威力底下經驗受苦的感覺，目的不外是挑戰自己意志和能力的極限，感受生命，在心理上滿足自我實現的成就感。布波族認為，這種具有異國情調、回歸自然和刻苦修行式的生態或文化旅遊，同時具有提升心靈質素的道德價值。

不過，最諷刺的是，布波族旅遊時，往往會穿著名牌的戶外服飾和配備昂貴的旅行裝備，結果是口裏打著淨化心靈和抗衡物質主義的旗號，但實際上仍然奉行消費主義和物慾崇拜的精神。説到底，號稱回歸自然本真的布波觀光客的旅遊凝視，原來始終也僅是一連串被旅遊產業建構的擬真的「假事件」（pseudo-event）和文化想像的符號而已。也許，旅遊畢竟只是一個不斷複製和詮釋觀光凝視符號的歷程。

人生也是一個旅程。旅程本身有何特性？它固然是流動的，而且必定是介乎兩個地點之間的一段空間或一條路線。有一個英文字“liminality”，本意是「門檻」，但可以引申用來指到介乎兩者之間的中間狀態。以色列人的曠野之旅，正是介乎埃及和迦南兩地之間的一段過渡的中間狀態，四十年就是時間上的中間狀態（liminality in time），曠野就是空間上的中間狀態（liminality in space）。

人生猶如旅程，這意味著我們的生命，同樣經常處於兩種不同的存在界面之間所經歷的一種過渡和轉變的狀態。或者説，我們經常在一些生命事件的夾縫或介乎兩者之間的中間狀態當中，不斷

大食

bauhaus
新港中心
301
住好啲
AD HOTLINE
2988 8348
DF 0715

經歷掙扎、進退和成敗得失。雖然我們自認為信徒，但我們豈不是經常介乎信與不信之間嗎？豈不是經常介乎信上帝與靠自己之間嗎？或者介乎順從和不順從之間嗎？或者介乎事奉上帝與事奉瑪門之間嗎？或者介乎真誠與虛假之間嗎？或者介乎驕傲與謙卑之間嗎？……馬丁・路德（Martin Luther）講得好，我們只是被上帝稱為義或所謂蒙恩的罪人而已，這也是一種介乎義和罪兩者之間的身分，在稱義與成聖這一靈程路上，我們不得不承認，當中同樣會面對很多模稜兩可和猶豫不決的掙扎，甚至最終犯罪得罪上帝，就好像以色列人一樣。

上帝帶領以色列人出埃及，也可被視為一種「偏離常軌」的旅程經驗，畢竟要他們在這種中間狀態的信仰旅程中，學習凝視荒涼曠野的沿途風光，凝視上帝在西奈山頒布律法誡命的法版，凝視雲柱和火柱的引領，凝視鵪鶉和嗎哪的從天降下……凝視上帝在曠野路上的一切作為。故此，四十年的曠野之旅，肯定是一次為要淨化以色列人心靈的旅程，儘管他們最終學得不好！

# 當 Leica 遇上 Snapshot

活在「高像素」與「全高清」的年代，比真實世界更清晰的圖像，固然無處不在地包圍著我們，擬真的視覺經驗，已主導著我們日常生活的文化。

我看（或被看），故我存在。重要的不僅是看的主體與被看的客體，還有看的方式（ways of seeing），即如何去看並如何詮釋所看之對象的方式。

透過攝影去看固然是一種看的方式，當攝影被視為藝術，看的主體就自以為用藝術的眼睛去看，於是攝影可能成為一種富藝術性的看的方式。不少布波族正樂於拿著攝影機這樣到處去看，就算售價貴得驚人，Leica 相機往往仍是他們的首選極品，因為 Leica 代表的就是古典（classic）的化身，是攝影機中最具魅力的品牌，具有收藏性的歷史價值，又是專業質素的最佳保證。從 Leica 的鏡頭去看，也許布波族期待看出一個有藝術品味的花花世界。

復古的相機外形不但是 Leica 美學品味的象徵，彷彿同時意味著它是經得起時間考驗的經典品牌，故此也是收藏家喜歡搜集的藝術珍品。然而，當我們收藏懷舊古董，當復古的 Leica 相機似要向我們見證一段攝影小史的光榮歲月的時候，這是否恰恰要告訴我們，渺小的生命如何經不起時間的考驗？

桑塔格（Susan Sontag）在《論攝影》（*On Photography*）中如是說：「現在是懷舊的時代，而照片積極地推廣懷舊。」用懷舊外形

的 Leica 相機拍下的照片正積極地推廣懷舊，它也積極地見證著要靠追憶來挽留時光的飛逝，難怪桑塔格説：「攝影是一門黃昏藝術。」「所有照片都『使人想到死』。拍照就是參與另一個人（或物）的必死性、脆弱性、可變性。所有照片恰恰都是通過切下這一刻並把它凍結，來見證時間的無情流逝。」人生苦短，更何況當現代生活以令人暈眩的變化速度發生的時候，攝影就是企圖捕捉正在不斷消失的事物，每張照片試圖要記錄的，乃是一刻飛逝的時光，一個曾經相識相遇的故人，以及一段無常的人生世事。桑塔格説得對，照片「使人想到死亡」（memento mori），攝影喚醒我們追悼和思念人與物的必死性。

故此，當布波族選用經得起時間考驗及具有經典地位的專業相機 Lecia 拍 snapshot 的時候，豈不是更加印證攝影的 memento mori 嗎？Snapshot 必然是一種即興及快拍的看的方式，攝影者隨著當下

一刻主觀的感覺，隨處拍下日常生活中稍縱即逝的片段，任意地複製著平凡生活瑣事或小人物的眾生相。如此，在現代視覺文化主導的社會裏，真實的日常生活經驗，只會逐漸變成了快速和大量地被複製在照片上的看的方式和看的印象，彷彿看過照片，就等於代替了實在地經驗過現實生活的滋味。因此，當攝影變成日常生活記錄報導（documentary）的 snapshot 的時候，它在我們看的方式上，以及存在的意義上，又已經靜靜地起了革命。更明顯地，它宣示著生命的必死性和脆弱性——「早晨發芽生長，晚上割下枯乾。」（詩九十6）

「主啊，你世世代代作我們的居所。諸山未曾生出，地與世界你未曾造成，從亙古到永遠，你是上帝……求你指教我們怎樣數算自己的日子，好叫我們得著智慧的心。」（詩九十1～2、12）

## 家居品味

布波族不是工作狂，他們重視休閒生活，喜歡賦閒在家，並相信這個家可以為他們締造一個寧靜舒適和自由自在的休閒空間。由於他們又自認為擁有波希米亞人的自由創意與藝術品味，故往往喜歡按照自己的心意和個人風格來設計理想的安樂窩。於是，他們將休閒的家居生活藝術化或美學化，這可算是布波族的文化特徵，也可以説，他們透過此家居美學，以彰顯追求自我個性和個人創意風格的生活品味。

在家居裝飾和設計上面，布波族一般都奉行自然主義和簡約主義的美學原則，主張簡單就是美，回歸自然，最討厭過度的人工化和炫耀的浮誇。因此，他們一般會反對那些金碧輝煌的古典宮廷式的室內設計，以及精工雕琢、表面光滑亮麗的名貴家具裝潢。相反，他們喜歡一些比較簡潔自然和質感粗糙的設計和裝飾，最好加上一點懷舊感覺。

藤器和木製傢俬是布波族的心頭好，除了櫃枱和桌椅之外，亦喜歡以藤和木製成各種美觀的裝飾家具。他們喜愛選用藤器和木器的原因，是由於它們的原料直接來自大自然，好像給人一種坐擁山林回歸自然的感覺，符合自然主義的生活美學原則。布波族尤其偏好木製的仿古家具，有時甚至刻意在木製家具上加上凹陷或刮花的痕迹，或故意弄到牆壁或家具表面有點油漆剝落和殘舊。因為這樣能製造一種懷舊和質樸無華的缺陷美。布波族亦偏好民族特色較重

Celebrate
the diversity of
Hong Kong
Celebrate
the diversity of
Hong Kong

的手工藝品作為家居擺設，一些具原始氣息的色彩、質地粗糙、線條簡單的陶瓷手工藝品最受他們歡迎，因為陶瓷往往亦給人一種回歸大自然的泥土氣息和淳樸的美感。

由於布波族經常因公幹或旅遊的原因而周遊列國，每到一處，就會搜集當地的旅遊紀念品或家居裝飾精品。因此，他們的家室，便儼然成為擺設不同民族手工藝品的展覽廳。

布波族對牀上用品、布梳化、枱布、窗簾等布藝設計的顏色和圖案也非常講究。為了貫徹自然主義和簡約主義的生活美學原則，通常最愛選用全棉或亞麻質料的織布，亦以簡約的圖案設計為首選，蘇格蘭格子圖案或印有歐陸田園風格圖案的布藝設計最受歡迎，不但感覺優雅，還能給人一種回歸田園的淳樸自然感覺。

家居品味，固然能增加生活的情趣；懷舊感覺，固然亦能喚起一份失落了的情懷。但説到底，家庭成員之間所流露的人情味，才能持久地溫暖我們的心窩。

布波族在家居設計上，既表現漫不經心的自然態度，卻其實在刻意經營；既喜歡簡單，卻又注重設計上的細節；既追求反璞歸真的風格，卻又不惜工本來達成目的。他們就是憑著這種刻意的自然、複雜的簡約和奢侈的樸素，來呈現一種多元混雜富弔詭性的生活品味。

傅士德（Richard J. Foster）也講「複雜的簡樸」，「複雜」所指的是人生和現實社會的多元性和複雜性，因此「簡樸」不等於「簡化」，基督徒講簡樸的屬靈操練，也不等於無視現實的複雜性，反而正因我們處於這令人容易分心的複雜多元的社會裏，專心注目於上帝，並以祂為生命核心的「簡樸」操練就顯得更加重要。因此，「簡樸」不單是一種外在家居品味的美學原則，而應該是一種由內在的生命質素和人生態度所產生的外在生活踐行。

耶穌說：「清心的人有福了！因為他們必得見上帝。」（太五8）

## 布波 G.O.D.

一九九六年在一工廠大廈內開業的 G.O.D.，初期還是名不經傳，不過其創辦人之一的楊志超，一早已打算要把旗下商品打造成為專攻中產消費市場的香港品牌。今天，他們終於不但能在銅鑼灣和尖沙咀這些旺區開設店鋪，還以品牌名義衝出香港，拓展中國內地及歐美市場，專門出售「現購自運」（Cash and Carry）的小型家品。不過，G.O.D. 之所以能夠成功打入商業市場，主要跟其產品能表現出創意設計和本土美學有關，它曾獲得香港十大名牌及亞洲最具影響力設計優秀獎。此外，G.O.D. 亦有關注及參與文化藝術的工作，成立街頭文化館，以裝置藝術來展示香港地道的街頭文化。集商業與藝術元素於一身，G.O.D. 可算是在香港裏頗能反映布波風格，並以布波族為消費對象的名店。

由於布波族很懂得享受休閒和生活品味，因此他們一般都很重視自己家居生活的設計和擺設。G.O.D. 的中譯就是「住好啲」，注入有創意和個性的家居生活品味，提高居住的質素，正是它整個的經營概念和目標，由此可見，它似乎對準了布波族的市場。

如果跨界多元和矛盾混雜是布波族的文化特徵，G.O.D. 亦充分反映這種布波風格。不知是否故意，驟眼看上去很容易被人誤讀為 GOD（上帝）的英文店名（本意是 Goods of Desire），中文卻音譯為通俗的地道廣東俚語「住好啲」，在命名上，似乎讓人有「神聖 crossover 通俗」、「精神 crossover 物慾」的感覺。不過，將「矛

盾混雜」這種特性玩得更盡的，要算是一間本來以創意藝術和中產高檔生活品味為賣點的名店，卻推出帶有粵語粗口諧音「Delay No More」和疑似黑社會暗語「7+7K」字樣的草根味濃的產品，這種挑戰社會倫理尺度的出位行動，姑勿論是否一種商業上的宣傳策略，卻或多或少已反映了波希米亞文化那種反叛的性格。G.O.D. 這類點到即止的越界行動，既沒有完全違反社會和商業運作的遊戲規則，卻又起碼達到了模糊和顛覆黑白分明和二元對立界線的目的，豈不是也符合了布波族亂中有序的性格嗎？

G.O.D. 以懷舊設計（vintage design），或稱「摩登懷舊」（modern retro）為特色賣點的產品，明顯也符合布波族跨界混雜的文化特徵，因為它在現代商品中注入復古元素，刻意地將復古作為現代時尚的一種生產和消費方式。最明顯的例子莫過於那印有港式密集舊唐樓景觀的滑鼠墊，正是在現代產品中注入懷舊元素的典型。此外，G.O.D. 又跟富現代感的咖啡店星巴克（Starbucks）合作，開設了一間以六、七十年代懷舊港式冰室設計為藍本的餐廳，不但中西合璧，更是明顯的「摩登懷舊」，亦體現了在經濟市場上生活文化的全球在地化（Glocalization）的趨勢。

本來走中產路線的宜家傢俬（Ikea），近年在產品設計和價錢上卻愈來愈接近大眾化的市場，所以未必能滿足某些中產人士的需求。反而 G.O.D. 選擇走獨特個性和高格調的路線，就算貨品的售價比較昂貴，也可能吸引到布波族的垂青。因為布波族所喜愛的，正是那些有別於一般大眾消費模式的商店，價錢是否昂貴反而不成問題。

# G.O.D. 的 Vintage

在 G.O.D. 的經營概念裏，開宗明義是要展現香港本土的生活文化，並藉此為顧客發掘充滿東方色彩的生活品味。因此，G.O.D. 刻意將本土文化的意念融入於產品之中，並以懷舊設計（vintage design）為特色賣點。

只要步入 G.O.D. ，就彷彿進入一間展示香港五十至七十年代生活文化的博物館，周圍佈滿了木製的古老傢俬，暗花磨砂玻璃板間房設計的屏風，印有六、七十年代《兒童樂園》漫畫的房門掛簾，牆壁貼上以黃玉郎的《小流氓》漫畫砌成圖案的牆紙，配以紅白西瓜波的天花飾燈，當然亦少不了傳統的公雞碗、暖水壺、煙灰缸等家具用品的擺設，以及紅白藍和紅雙喜系列的手提袋。G.O.D. 又跟星巴克（Starbucks）合作，在中環開設了一間以六、七十年代懷舊港式冰室設計為藍本的餐廳，讓顧客安坐在佈滿半掩白布的鳥籠、傳統的餐單水牌、馬賽克紙皮石，以及茶餐廳卡位這種地道港式冰室的環境和氣氛內，悠閒地品嘗 cappuccino 的香味，這充分展現 vintage 的感覺。

這種注入本土懷舊文化的創意產業，當中的 vintage，究竟只是一種純粹商品設計上的 modern retro，還是具有較深層文化意涵的 nostalgia？Nostalgia 可譯作懷舊，當然並非任何舊東西都是 nostalgia 的，nostalgia 是一種寄生於美學氛圍內由回憶而產生的當下感覺，因此它必定經過浪漫化的美感包

裝，藉此帶出古舊文化的陰柔之美，很多時它跟消費美感有關。不過，在後現代變化極快的消費文化和時尚的流行文化中，幾乎天天新款，今季的流行時尚，下季就可能已變得落伍，消費者經常可以對剛剛流行過的時尚產生一種懷舊感覺。如此，Nostalgia 是否反而成為經常流行的時尚？這種消費式 nostalgia，最終是否反而會抵銷了回憶和歷史的深度？

G.O.D. 創辦人楊志超曾說：「Vintage 最重要的意義不只是因為舊，而是當中存在著一種個性。」這裏所講的「個性」，當然可以指到美學上表現出來設計的獨特性，由此展現個人的獨特風格和品味。當然，這種將個人風格融入於產品的美學，轉頭便能成為消費主體展示或炫耀自我身分的象徵性符號，而這種獨具一格的 vintage 消費美學，亦正好符合了布波族強調個性的生活品味。

相對於全球一體化的消費模式來說，我們也可從區域性和民族性的本土美學來理解「個性」所指的是怎樣的一回事。由於本土美

學的使命就是要凸顯消費產品的獨特性，因此那些充分反映本土美學的民族手工藝品，一般較能呈現設計者和消費者的個性和獨特品味。不過，更值得留意的是，這種回歸本土文化的個性體現，其實背後可能也涉及設計者和消費者的社會文化身分認同的問題。事實上，在 G.O.D. 的經營概念裏，絕對含有這種讓東方文化抬頭，以及凸顯香港人本土身分認同的意識。

Nostalgia 這個詞的原意其實是「鄉愁」，本來是指到十七世紀末一班在異地打仗的士兵，因思鄉情切而將他鄉誤認為故鄉的一種思鄉病的病癥，後來被引申為指到在文化上對昔日一段黃金時期的懷念和憧憬。香港人在九七回歸之後的後殖民年代裏，愛國熱情不但沒有增強，反而處處表現出對殖民年代生活的留戀和懷緬，於是隨著後九七香港人本土意識的抬頭及對本土身分的認同，流行懷舊的本土文化亦逐漸有興起的勢頭，也許 G.O.D. 便是看準及配合這形勢發展的一個典型例子。

LINVA
FASHION

OMEGA
周大福
CHOW TAI FOOK